"애초에는 하나님을 위한 열심이었는데, 어느새 자기 의를 드러내기 위해 힘써 하나님을 대적하는 볼썽사나운 비극은 비단 바리새인이었던 바울만의 일이 아니다. 내 안의 바리새인을 이처럼 불쾌하게 그러나 유쾌하게 까발리는 이 책을 읽는 것은 아프다. 그러나 기쁘다. 그래야 내 안의 예수님을 만날 수 있으니까. 눈에서 비늘 같은 것이 벗겨져 다시 보게 될 테니까."

김기현 | 로고스교회 담임목사, 로고스서원 대표

"신앙생활을 오래 한 사람일수록 서기관과 바리새인에 대한 거의 맹목적인 비난과 부정적인 평가는 자연스러운 일이다. 그런데 바로 그 사람이 자기 자신이라고 누군가 지적하면 부정하며 화를 낼 것이다. 이 책을 읽어가다 보면 거부할 수 없는, 그리고 부인할 수 없는 바리새인의 모습이 나의 모습임을 발견하게 된다. 『당신의 열심이 위험한 이유』는 바리새인의 함정에서 어떻게 자신을 발견하고 빠져나와 참된 그리스도인이 되는지를 섬세하고 설득력 있게 그려놓은 지도와 같은 책이다."

김형준 | 동안교회 담임목사

"복음적 제자도는 '인간이 어떤 특별한 일을 할 수 있을 것인가'가 아니라 '하나님께서 죄인들을 위하여 무슨 일을 하셨는가'에 견고한 기초를 두어야 한다. 한국교회 안의 왜곡된 제자도는 종교적 열광주의와 금욕주의라는 두 가지 극단으로 나타났다. 이는 모두 하나님이 불완전하시기에 인간의 열심을 동원하여 채워야 한다는 바리새적 교만에서 발로한다. 래리 오스본은 이 책에서 왜곡된 제자도를 깊이 있게 파헤쳐 그 실체를 신랄하게 고발한다. 은혜의 복음에 기반을 둔 제자도를 다시 회복하길 기대하는 모든 성도님께 일독을 권한다."

송태근 | 삼일교회 담임목사

"성경 속의 바리새인들을 비판하며, 그들이 얼마나 잘못되었으며, 또 우리는 적어도 그들과는 다르다고 생각해보지 않은 사람이 있을까? 그런데 이 책은 그런 생각을 부끄럽게 만든다. 자기 속의 바리새인을 발견하고 깜짝 놀라게 한다. 지금은 이런 충격이 그 어느 때보다 더 절실히 필요한 때다."

정현구 | 서울영동교회 담임목사

"래리 오스본은 선한 마음의 리더들이 저지르는 실수에 대해 환상적인 유머와 잔인할 정도의 솔직함, 그리고 예리한 통찰력을 함께 제공한다. 이 책을 읽어라."

매트 챈들러 | 『완전한 복음』(새물결플러스 역간) 저자

"래리 오스본은 그동안 많은 훌륭한 책들을 써왔지만, 이 책이 단연 최고다. 각 장을 읽는 내내 나는 얼마나 간절히 교회가 이 메시지를 들어야만 하는지를 생각했다. 모든 그리스도인이 읽어야 할 책이다."

릭 워렌 | 『목적이 이끄는 삶』(디모데 역간) 저자

"자신을 제외한 다른 모든 이에게 바리새인들을 발견하는 일은 꽤 솔깃한 일이다. 그러나 이 책은 우리를 멈추어 세우고 우리 자신의 동기와 행동, 그리고 사역을 성경에 비추어 살피게 하고 복음을 새롭고 자유로운 방식으로 살아내도록 한다."

에드 스테처 | 라이프웨이 리서치 회장

"나는 래리가 비평하는 운동들 중 하나에 속해 있다. 그러나 나는 그의 통찰이 유익할 뿐 아니라 예언적이라고 생각한다. 고마워요, 래리. 당신 덕분에 성경과 현대 운동들, 그리고 나 자신의 마음을 더 잘 이해하게 되었어요."

JD 그리어 | 써밋 교회 목사

"나는 래리 오스본이 내가 알고 있는 어떤 바리새인들을 위해 이 책을 썼다는 사실에 감사했다. 그러나 이 책을 읽고 난 후 나는 그가 나를 위해 이 책을 썼다는 사실을 깨달았다."

진 아펠 | 이스트사이드 크리스천 교회 담임목사

"이 책이 정말로 필요하리라고 생각하는 사람들에게 추천하기 위해 읽기 시작하지만, 몇 쪽 넘기기도 전에 이 책이 바로 우리 자신을 위한 책임을 알게 된다."

피트 브리스코 | 벤트 트리 바이블 펠로십 목사

"래리 오스본은 그리스도의 몸을 위해 뛰어나고 시기적절한 교정 지침서를 집필했다. 이 책을 읽으면서 나는 나 자신과 다른 이들을 발견하였고, 그러는 동안

나는 웃고 울었다."

레이 벤틀리 | 마라나타 채플

"래리 오스본은 다시 한 번 의심의 여지가 없던 오늘날의 가정에 질문을 던지고, 우리를 성경의 더욱 깊은 이해로 이끌어갈 방법을 찾아냈다. 저자는 우리가 하나님을 향한 순수한 헌신과 길을 잃고 깨어진 사람들을 불쌍히 여기는 은혜 사이에서 균형을 잡도록 돕는다."

스콧 채프먼 | 더 채플 담임목사

"이 책은 내가 더 나은 그리스도의 제자가 되도록 도와주었다. 책을 덮을 때 나는 도전받았고, 연마되었으며, 고무되었다."

웨인 코데이로 | Jesus: Pure and Simple 저자

"많은 리더들이 영성 형성의 빗장을 더더욱 높이려 하는 때, 래리는 중요한 경고의 말을 전한다. 이것은 우리 모두가 귀 기울여야 할 이야기다."

크리스 돌슨 | 블랙호크 교회

"신앙은 조롱받을 만한 소지가 다분하다. 그래서 그리스도인으로 하여금 그리스도보다 더욱 '거룩'해지도록 한다. 당신이 계속해서 예수님을 심각하게 여기면서 당신 자신을 지나치게 심각하게 여기는 것은 멈추고 싶다면, 이 책은 당신을 위한 책이다."

마크 드리스콜 | 마스 힐 교회

"제자도에 관해 좀 더 다른 이해를 시도하자는 래리의 주장은 충격과 동시에 신선함을 안겨준다. 우연한 바리새인이 되는 것이 얼마나 쉬운가 하는 점에서 충격이고, 모든 사람들을 위한 제자도의 문을 열었다는 점에서 신선하다."

톰 휴즈 | 이글 록 목사

"래리는 우리를 기독교의 중심 진리로 단숨에 인도한다. 모든 그리스도인이 이 책을 읽어야 한다. 나 역시 이 책을 책장에 꽂아두고 정기적으로 읽어야 한다

는 사실을 안다."

숀 러브조이 | *The Measure of Our Success* 저자

"이 책은 그리스도인의 삶 속에 존재하는 거대한 긴장감들 중 하나인 완벽과 은혜 사이의 긴장을 다루고 있다. 독자들은 도전과 위안과 격려를 받을 것이다."

멜 밍 | 하나님의 성회 노스웨스트 사역 연합 이사

"나는 래리가 이 책을 썼다는 사실을 매우 기쁘게 생각하는데, 이 책은 모든 그리스도인들이 조심하지 않으면 빠질 수 있는 위험한 여정의 개요를 보여주기 때문이다. 또한 이 책은 우연히 그 길에 접어든 사람들이 올바른 길로 돌아설 수 있도록 도와줄 것이다."

페리 노블 | 뉴 스프링 교회 목사

"래리 오스본은 지금까지 그의 책 중에서 가장 중요한 책을 집필했다. 이 책은 목회자들과 리더들의 필독서다. 이 책을 읽는 것은 감염을 치유하기 위해 약을 복용하는 것과 같다."

릭 옴스테드 | 빈야드 전미 리더십 팀

"참으로 놀라운 책이다. 이와 같은 지혜는 찾아보기 어렵다. 이 책이 별로라면 당신에게는 무언가 심각한 문제가 있다. 당신은 하나님과의 관계를 바로 해야 한다."

캐롤린 오스본 | 래리의 어머니

"예수님은 당시의 종교인들을 위하여 가장 혹독한 말씀을 준비해두셨다. 사실 우리 모두의 안에는 약간의 종교가 있고, 교회 안에는 상당한 종교가 있다. 이 책은 우리와 같은 바리새인들의 회복을 위해 꼭 필요한 자원이다."

다린 패트릭 | 더 저니 담임목사

"래리 오스본의 작품 중 최고다. 이 책은 당신의 죄를 깨닫게 하고 또, 당신을 격려할 것이다. 우리 모두는 때때로 우연한 바리새인이 되어본 경험이 있다.

선한 의도의 그리스도인들에게 어떻게, 왜, 그러한 일이 일어나는지를 이해하려면 이 책을 읽어라."

린다 스탠리 | 리더십 네트워크

"우연한 바리새인? 이 얼마나 기이한 생각인가! 래리 오스본은 삶을 변화시키는 이와 같은 언어로 우리의 아픈 곳을 건드린다."

디노 리조 | 힐링 플레이스 교회 담임목사

"지난 수년 동안 그리고 언제나 적절한 시점에 하나님은 래리 오스본을 사용해 나의 삶에 말씀하셨다. 이 책을 통해 래리는 나의 또 다른 아픈 곳을 건드렸다."

넬슨 시얼시 | 더 저니 교회 담임목사

"이 책은 그리스도의 몸을 위해 꼭 필요한 메시지다. 교회의 리더십으로 부름 받았다고 느끼는 사람들을 위한 필독서다."

토비 슬로 | 크로스 팀버스 커뮤니티 교회 목사

"교만이 음란물보다 못할 수 있는가? 래리 오스본은 우리도 모르는 사이 가난하고 눈멀고 벌거벗는 것과 우리가 경멸하는 그것이 되는 것의 위험을 보여준다."

스테이시 스펜서 | 뉴 디렉션 크리스천 교회 목사

"나는 이 책의 몇몇 장에서 나 자신을 발견했고, 그래서 이 책이 싫었다. 하지만 이 책은 우리 겸손의 과도함과 부족함에 대해 새롭고 꼭 필요한 교정을 제공했고, 그래서 또한 이 책이 좋았다."

스티브 스트로프 | *Tribal Church* 저자

"이 책은 교만과 오만의 죄에 빠지지 않고 완전하고 전적으로 예수님을 따르고자 하는 우리 모두를 위한 책이다."

데이브 트래비스 | 리더십 네트워크 최고 경영자

"성경적 지혜에 유머를 더한 래리의 언어는 외과 의사의 수술용 메스와도 같아서 당신이 필요로 하는 부분을 절개한다."

켄 베를라인 | 페이스브릿지 교회 설립 목사

"이 책은 분명 고전이 될 것이다. 성경적으로 견고한 이 책에 담긴 돌직구 같은 생각들은 특별히 '헌신된 무리들'과 관련이 깊다. 교회 개척과 사역을 시작하도록 이제껏 준비시켜온 사람들을 위해, 나는 이 책을 한 박스 정도 구입할 생각이다."

존 우스터 | 교회 개척 전문가

"친구란 당신의 치아에 고춧가루가 끼었을 때, 당신이 저녁 내내 미소 짓는 동안 사람들의 웃음거리가 되지 않도록 당신에게 그것을 일러주는 사람이다. 이 책의 래리는 바로 그와 같은 친구다."

론 포르셋 | 아웃리치 주식회사 부회장

"오스본은 면밀하고 공손한 방식으로 오늘날 교회의 중요한 문제에 정면으로 맞선다. 그는 도전적이고 도발적이지만 언제나 성경적이다. 또한 믿음을 위하여 싸우기 원하는 모든 사람들을 위해 필요한 주의와 교정을 제공한다."

윌리엄 J. 하멜 | EFCA(미 복음주의 자유 교회) 회장

"래리 오스본은 아버지의 다정함으로 날카로운 사실을 소통하는 재주를 지녔다. 이 책을 읽으면서 나는 이 세상의 모든 종교 위선자들을 향해 손가락질을 할 준비를 마친 상태였다. 하지만, 두 가지 역설을 발견하게 되었는데, 내가 바리새인이라는 것과 그래도 하나님이 나를 사랑하신다는 것이었다."

노엘 하이키넨 | 리버뷰 교회 목사

"이것은 오늘날 교회를 위해 꼭 필요한 말씀이다. 래리는 하나님 나라가 우리의 것보다 크다는 사실을 상기시켜준다. 이 책은 모든 목회자들을 위한 필독서가 되어야 한다."

칩 헨더슨 | 파인레이크 교회 목사

"래리 오스본은 하나님 나라가 마주한 가장 도전적인 문제들 중 하나를 다루고 있다. 이 책은 우리 사회에 진정한 리더십을 제공하는 일에 열중하는 모든 이들을 일깨우고 북돋울 것이다."

존 젠킨스 | 글레너덴 제일 침례교회 목사

"래리 오스본은 복음 전파를 약화시키는 주범들 중 하나를 드러내는데, 그것은 바로 우리가 우연한 바리새인이 되었다는 사실이다. 이것은 우리 세대의 가장 중요한 책들 중 하나다."

타일러 존스 | 빈티지 21 목사

"래리 오스본은 미국 교회의 중요 지도자들 중 한 사람이다. 그는 솔직함과 지혜로 열렬한 제자와 율법주의적 바리새인의 차이가 우리가 생각하는 것만큼 크지 않다는 사실을 지적한다."

제프 서랫 | 엑스포넨셜 네트워크

"래리 오스본은 오늘날 교회의 오래된 문제에 굉장히 신선한 시각을 제공한다. 고통스러울 정도의 통찰을 담고 있지만 우리 모두를 위해 꼭 필요한 책이다."

론 실비아 | Church @ The Springs 담임목사

"나는 사십 년 동안이나 이 책을 기다려왔다. 래리 오스본은 아주 오래되었지만 여전히 살아 있는 종교적 교만의 덫과 은닉해 있으나 파괴적인 지지자들의 무리로부터 우리 스스로를 지킬 수 있도록 경고하고 도와준다."

마크 포어맨 | 노스 코스트 갈보리 채플 담임목사

Accidental Pharisees

Avoiding Pride, Exclusivity,
and the Other Dangers of
Overzealous Faith

Originally published in the U.S.A. under the title: *Accidental Pharisees*
Copyright ⓒ 2012 by Larry Osborne
Translation copyright ⓒ 2013 by Larry Osborne
Translated by Haeyoung Jang Joo
Published by permission of Zondervan, Grand Rapids, Michigan Through the arrangement of rMaeng2, Seoul, Republic of Korea

This Korean edition copyright ⓒ 2013 by Holy Wave Plus Publishing Company

이 한국어판의 저작권은 알맹2 에이전시를 통하여 Zondervan과 독점 계약한 새물결플러스에 있습니다. 신 저작권법에 의하여 한국 내에서 보호받는 저작물이므로 무단 전재와 무단 복제를 금합니다.

당신의 열심이 위험한 이유

현대의 바리새인 신앙에 대한 경고

래리 오스본 지음
장혜영 옮김

Accidental Pharisees

새물결플러스

바리새인이 되지 않고 예수님을 따른다는 의미를 제게 몸소 보여주신
빌과 캐롤린 오스본과
누구도 나를 믿어주지 않았을 때 나를 믿어줌으로 젊은이들을 믿는 법을
가르쳐준 나의 멘토 월리 놀링에게 이 책을 바칩니다.

차례

우연한 바리새인: 열성적 믿음의 어둡고 위험한 측면

1. 우연한 바리새인: 열성적 믿음의 어둡고 위험한 측면 ··· 21
2. 바리새인: 바리새인들은 어쩌다 그토록 나쁜 평가를 받게 된 것일까? ··· 29
3. 아리마대 사람 요셉: 누구도 닮고 싶어하지 않은 제자 ··· 38

1부를 위한 토의 질문 ··· 52

교만: 비교가 오만이 될 때

4. 비교의 저주: 교만에 대해 티볼이 가르쳐준 교훈 ··· 57
5. 교만의 불경한 삼위일체: 눈 속의 들보, 자기기만, 비교 ··· 67
6. 교만을 극복하라: 성경의 올바른 사용과 순종에 대한 올바른 이해 ··· 77

2부를 위한 토의 질문 ··· 86

3부
배타성: 하나님 나라를 확장하는 것보다 사람들을 걸러내는 것이 중요해질 때

7. 배타성: 하찮은 이들을 들여놓지 않기 위해 높아진 빗장 ···91
8. 예수님이 오신 이유: 사람들을 걸러내는 것이 나쁜 생각인 이유 ···98
9. 예수님이 어울리셨던 죄인들:
   소비자적 그리스도인들이 사랑받아야 할 이유 ···107

3부를 위한 토의 질문 ···116

4부
율법주의: 제사가 인애를 몰아낼 때

10. 새로운 율법주의: 시험하는 기독교의 위험 ···121
11. 추가적 규칙과 추가적 울타리:
    하나님의 말씀에 무엇을 더하는 위험 ···130
12. 인애의 죽음: 율법주의의 가장 어둡고 위험한 측면 ···142

4부를 위한 토의 질문 ···150

5부
과거의 숭배: 이상이 현실을 왜곡할 때

13. 장밋빛 기억의 문제: 지금이 좋았던 지난날일 수 있다 ···**155**
14. 과거를 숭배하지 않고 과거로부터 배우다:
    신약 교회에 대한 솔직한 검토 ···**166**
15. 사랑 안에서 참된 것을 말하기: 과거를 숭배하지 않고 현재를 대면하다 ···**179**

5부를 위한 토의 질문 ···**185**

6부
획일성의 추구: 획일성은 어떻게 하나 됨을 파괴하는가

16. 하나 됨과 획일성: 획일성은 어떻게 하나 됨을 제거하는가 ···**189**
17. 붉은색으로 쓰인 성경 주석: 신학적 획일성의 추구가 성경의 본질을
    약화시키는 이유 ···**198**
18. 견해의 차이를 인정하다: 서로를 용납하는 것이 중요한 이유 ···**205**

6부를 위한 토의 질문 ···**215**

은사의 투영: 나의 소명이 다른 모든 사람들의 소명이 될 때

19. 초콜릿으로 덮인 오만: 은사 투영의 어두운 측면 ···**219**
20. 은사 질투와 죄책감에 의한 충동: 복음전도자들과 선교사들, 성경 교사들로 인해 우리가 죄책감을 느끼게 되는 이유 ···**232**
21. 재정 경찰: 도대체 서신서에는 어떠한 일이 일어난 걸까? ···**247**

7부를 위한 토의 질문 ···**261**

마지막 당부 ···**263**
감사의 글 ···**269**
주 ···**271**

우연한 바리새인
열성적 믿음의 어둡고 위험한 측면

Accidental Pharisees

1장

우연한 바리새인
열성적 믿음의 어둡고 위험한 측면

솔직하게 말해보자.

열성적 믿음에는 어두운 면이 있다. 정말로 어두운 측면이.

예수님께 여쭈어보라.

예수님께서 육신을 입은 하나님으로 나타나셨을 때, 스스로를 하나님의 가장 열성적인 추종자이자 옹호자라 생각했던 사람들은 예수님과 상관하고 싶어하지 않았다. 그들은 예수님의 입을 닫으려고 했다. 그리고 그럴 수 없어지자 그들은 예수님을 죽였다.

이것은 분명 잘못된 열정이다.

그러나 고대 바리새인들만 열성적 믿음의 어두운 측면을 가지고 있는 것은 아니다. 우리의 역사책에는 이와 관련한 각종 예들로 가득하다. 첫째로 십자군 전쟁이나 종교 재판을 생각해보라.

그러나 그것이 내가 이 책을 쓰게 된 이유는 아니다. 이 책은 고대 바리새인들에 관한 책이 아니다. **우연한 바리새인들**accidental pharisees—즉 최선의 의도와 하나님을 높이고자 하는 강한 열망에도 불구하고 부지불식간에 열성적 믿음의 모형을 추구하고, 따라서 스스로는 섬기고 있다고 생각하지만 알고 보면 주님의 일을 방해하고 마는 당신과 나와 같은 사람들—에 대한 책이다.

문제는 영적 열심이 아니다. 이것은 좋은 것이다. 우리는 열심으로 주를 섬기라는 부름을 받았다.[1] 문제는 어긋난 영적 열심, 전체적 성경과 맞닿아 있지 못한 주를 향한 열심이다.

어긋난 열심

불행히도 우리는 어긋난 열심을 다른 사람의 문제로만 생각한다. 그리고 우리 자신 안에서는 그것을 발견하지 못한다.

길모퉁이에서 "예수 천당 불신 지옥"이라는 팻말을 들고 서 있는 광신자를 보면서 성경적 어긋남을 발견하기란 쉽다. 싫어하는 성경 말씀은 내동댕이쳐버리고 잘라붙이기에 능한 신학자들을 봐도 마찬가지다. 책상 위에 커다란 성경책을 놓아두었을 뿐 불만도 많고 속도 좁아—스스로는 주를 위한 위대한 증인이라 자칭하지만—모든 사람들이 꺼리고 점심을 같이 먹을 사람도 하나 없는 잘난 척하는 동료에게서도 이것은 쉽게 발견된다.

그러나 거울을 통해 어긋난 열심을 보게 되는 경우는 거의 없다. 그 이유는 우리에게 있는 성경적으로 어긋난 열성적 믿음의 영역들이 고의적이지 않은 까닭이다. 이들의 원인은 시야의 사각지대이지, 죄의 사각지대가 아니다. 우리는 우리가 아는 지식으로 최선을 다하고 있다.

그러나 누군가의 열성이 의도한 것이든 우연이든, 그것은 중요하지 않다. 어찌 되었든 이 열성은 모든 것을 망쳐버리기 때문이다. 이것은 열성적인 사람은 물론이고 그 열심의 피해자들을 포함한 모든 사람에게 상처를 안겨준다.

아주 불쾌한 그리스도인

아마도 당신은 아주 불쾌한 그리스도인, 즉 자신은 천국을 전파하고 있다 생각하지만 실제로는 하나님을 당황스럽게 할 뿐인 어떤 사람을 알고 있을 것이다.

내가 지금 떠올리는 사람은 우리 교인들 중 스스로를 성숙한 최전방의 그리스도인으로 여기는 사람이다. 그는 말씀에 굉장히 열정적이다. 말씀을 연구하는 일을 즐긴다. 깊이 파고든다. 일반적인 그리스도인보다 더 많은 것을 알고 있는 그는 스스로에게 우리 나머지 사람들을 보호해야 할 영적 감시견으로서의 의무를 부여하기도 한다.

그는 누구라도 성경에 대해 잘못 말하거나 성경을 오용하고 오해하면 그 사람을 향해 짖을 듯이 소리치며 비난한다. 이단이 전혀 틈타지 못하도록 하는 자신이 예수님을 돕고 있다고 생각하는 것이다.

그러나 그의 모든 행동은 사람들의 짜증을 돋울 뿐이다.

사실상, 유감스럽게도 이것은 단지 비유에 불과하다.

문제는 하나님이 그에게 올바른 교리를 수호하기 위한 투견 노릇을 해달라고 부탁하시지 않았다는 데 있다. 하나님은 그와 우리 모두에게 믿음의 도를 위해 힘써 싸우라고 명령하셨다. 하지만 그분의 명령은 투견 노릇을 하는 이 친구가 복음을 옹호하는 방식과는 완전히 상반되는 태도로 이뤄져야 한다. 우리는 다툼을 피하고, 친절해야 하며, 우리와 반대되는 자들을 온유함으로 훈계해야 한다.[2]

내 친구의 투견 방식 접근은 열성적인 믿음의 가장 큰 문제와 그것이 왜 자가진단이 어려운지를 잘 보여준다. 이것은 언제나 말씀에 진실하나, **모든** 말씀에 진실하지는 않다. 물론 부분적으로는 옳다. (예를 들어 믿음을 위해 싸우라는) 하나님의 뜻 한 부분에만 집착할 뿐 (그것을 온화하고 온유하게 행해야 한다는) 나머지 다른 부분은 무시한다.

불행하게도 우리가 열성적인 믿음을 가진 아주 불쾌한 그리스도인들을 생각할 때 떠올리는 모습은 고약한 입 냄새와 잘못된 신학, 그리고 대인관계 기술의 부재다. 그래서 우리 자신은 여기에 포함될 수 있다는 가능성을 전혀 염두에 두지 않는다.

그러나 우리 모두에게 어긋난 믿음과 불완전한 이해의 영역들이 있다. 또한 시야의 사각지대와 죄의 사각지대가 있고, 이 두 가지가 섞일 때, 이것은 굉장히 위험한 조합이 된다. 모든 일에 옳게 행하기란 아주 어려운 일이다. 바로 이러한 이유 때문에 내가 열성적이고 어긋난 믿음의 선을 넘어선 일부 사람들을 우연한 바리새인이라 부르는 것이다. 우리는 전혀 생각하지 않았던 곳으로 우연히 들어서게 된다.

우연한 바리새인

바리새인이 되기를 원해서 스스로 바리새인이 되는 사람은 아무도 없다. 바리새인들은 나쁜 사람들이다. 이것은 우리가 이미 다 알고 있는 사실이다. 마찬가지로 거울 속 자신의 모습에서 바리새인을 발견하는 사람도 없다. 나는 스스로를 바리새인이라 묘사하는 사람을 만나본 적이 단 한 번도 없다. 당신도 마찬가지일 것이다. 바리새인이라는 단어는 언제나 다른 사람을 묘사하는 데 사용된다.

하지만, 우연한 바리새인들은 당신과 나와 같은 사람들, 즉 하나님을 사랑하고 말씀을 사랑하며 그것에 따라 살기로 최선을 다하는 사람들로 구성된다. 우연한 바리새인들에 대해 주의해야 할 점이 바로 이것이다. 이들은 아주 우연한 기회에 바리새인이 된다. 이것은 마치 데니스(Denny's)에서 외식을 하게 되는 것과 같다. 누구도 데니스에서의 외식을 계획하지 않는다. 어쩌다 보니 그렇게 되는 것이다.

어떻게 이런 일이 일어나는 것일까? 초기 징후들은 어떤 게 있을까? 이것을 주의하기 위해서는 무엇을 해야 할까?

순수하지만 위험한 길

우연한 바리새인이 되는 여정은 대개 순수하게 시작된다. 종종 괄목할 만한 사건이 시발점이 되기도 한다.

그것은 때때로 선교 여행이나 강의, 획기적인 신간 도서일 수도 있다. 이제까지의 다른 모든 것들이 교회 놀이에 불과했다고 느끼게 하는 소그룹 경험일 수도 있다. 아니면 이전에는 전혀 몰랐던 것들에 새로운 눈을 뜨게 해준 성경 공부 교사일 수도 있다.

그렇게 당신은 믿음에서 벗어난다. 그리고 몇 가지 커다란 변화들을 일궈낸다. 죄와 타협의 영역들은 제거한다. 예수님을 따르는 행렬의 선두에 서기 위한 신나는 경주를 시작하는 동안 새로운 영적 훈련을 추가하기도 한다.

그러나 당신이 앞으로 나아가는 동안 분명히 뒤처지는 사람들을 목격할 것이다. 그리고 그 순간 당신의 개인적인 거룩의 추구는 위험한 모습으로 탈바꿈한다. 당신의 열정적인 거룩을 추구하는 일에 동참하지 않는 사람들에 대한 실망감이 깊어지는 것이다.

이것은 대단히 중요한 지점이다.

만일 그러한 실망감을 당신이 뒤에 남겨둔 사람들에 대한 혐오나 경멸로 대체한다면, 당신은 결국 위험한 우회로로 진입하게 된다. 예수님을 닮아가는 대신 그분의 대적, 즉 다른 이들을 업신여기고 자신의 의를 확신했던 이전의 바리새인들을 닮아가게 되는 것이다.

물론 이것은 끔찍한 결말이다.

그러나 실제로는 더 심한 결말에 이를 수도 있다.

당신을 따라잡지 못하는 사람들을 향한 멸시의 길을 조금 더 내려가다 보면, 당신은 결국 오만의 자리에 이르게 될 것이다. 더욱더 많은 수의 사람들이 당신이 정한 참된 제자의 기준에 미치지 못할 것이다. 결국 당신에게 옳은 것이 온유나 자애, 사랑보다 더욱 중요해진다. 천국 전파보다 사람들을 걸러내는 것이 더욱 중요해지는 것이다. 또한 하나 됨은 획일성에 그 자리를 내어줄 것이다.[3]

그리고 이제 당신의 탈바꿈은 완성된다. 당신은 전혀 의도하지 않았던 장소에 도착했다. 바리새인으로서의 자격 요건을 모두 갖추게 된 것이다. 물론 의도하지 않았던 바다. 하지만, 그렇더라도 바리새인이다.

다음에 이어지는 페이지를 통해 우리는 이러한 위험을 어떻게 발견하고 예방할지를 살펴볼 것이다. 예수님의 말씀으로 시선을 돌려 이제 막 나타나기 시작하는 바리새인의 초기 징후들을 파헤쳐보고, (평범하고 굉장히 대중적이라 할지라도) 이러한 특정 제자도가 실상은 피해야 할 위험한 우회로임을 알려주는 미묘한 표시들을 드러낼 것이다.

여기에 덧붙여, 만일 당신이 아이를 가진 부모이거나 영적 리더십의 자리에서 섬기고 있다면, 당신이 가르치는 내용과 세워가는 체계나 인도하는 방식이 부지불식간에 열성적인 믿음의 어둡고 위험한 측면을 조성하지―더욱이는 당신 자신의 우연한 바리새인 자녀들을 생산해내지―않도록 하기 위해 주의해야 할 바가 무엇인지 또한 살펴보게 될 것이다.

하지만 먼저는, 무엇보다 바리새인이 된다는 것의 의미를 정확히 이해할 필요가 있다. 바리새인들은 누구였을까? 그들의 이름은 어쩌다가 위선을 상징하고, 하나님을 향한 그릇된 열정에 얽히게 된 것일까? 그리고 지극한 헌신에서 악독한 반역까지의 여정은 정확히 얼마나 가까운(또 미묘한) 것일까?

2장

바리새인

바리새인들은 어쩌다 그토록 나쁜 평가를 받게 된 것일까?

몇 년 전 친구의 교회에서 설교를 한 적이 있다. 나는 그 교회를 방문하게 되어 매우 기쁘다는 내용으로 설교를 시작했다. 그러고는 그들의 목사가 내게 자신의 교회를 바리새인들로 가득한 교회라 소개했다고 전했다. 교회의 직원들과 지도자들을 며칠 동안 겪어본 후 나 역시 그 의견에 동의하게 되었다는 말도 덧붙였다. 이들은 내가 본 중 가장 바리새적인 교회였다.

예배당에는 이상한 침묵이 감돌았다. 자신의 교회에 모욕적인 말을 내뱉은 바보에게 화를 내야 할지 아니면 그를 불쌍하게 생각해야 할지 잘 모르는 상태에서 오는 어색한 침묵이었다.

나는 이야기를 멈추고 무엇이 잘못되었느냐고 물었다.

예배당은 더더욱 조용해졌다.

마침내 억지로 웃음을 참고 있던 두어 사람의 웃음소리가 터져 나왔다. 그제서야 몇몇 사람들이 알겠다는 듯이 고개를 끄덕거렸다. 종내에는 예배당 안의 모든 사람이 내 말을 이해했다. 나는 말실수를 한 것이 아니었다. 다만 그들을 두고 약간의 즐거움을 누렸을 뿐이다. 장난을 친 것이다.

따라서 나는 다른 질문을 던졌다. "여러분 중 몇 분이나 저의 도입부를 칭찬이 아닌 모욕으로 받아들이셨나요?"

거의 모든 사람이 손을 들었다.

나는 곧, 누군가를 바리새인으로 일컫는 것이 늘 이와 같은 사회적 무례를 초래하는 일은 아니었다고 설명했다. 사실 예수님 시대였다면 이것은 매우 훌륭한 설교의 시작이었을 것이다. 나는 다만 2,000년 정도 늦었을 뿐이었다.

오늘날 **바리새인**이라는 단어를 들을 때, 우리는 위선적이고, 편협하며, 거드름 피우기를 좋아하는 영적 패배자들을 떠올린다. 하지만 예수님 시대에 바리새인이라 불리는 것은 명예 훈장과도 같았다. 이것은 비난이 아니라 칭찬이었다.

1세기 바리새인들은 우리가 영적으로 감탄하며 바라보는 모든 면에서 뛰어났기 때문이다. 이들은 하나님을 열심으로 섬겼고, 자신의 신앙에 철저히 헌신했다. 또, 신학적으로도 빈틈이 없었고, 성경 본문의 달인이었다. 이해하기 힘든 계명에 대해서도 바리새인들은 지나칠 정도로 까다롭게 순종했다. 행여 하나라도 놓칠까 두려워 따로 별도의 규칙들을 더 만들기도 했다. 영적 훈련에 대한 이들의 수용은 누구도 따라올 자가 없었다.

때로 이들이 냉혹하고 오만했던 것은 사실이다. 하지만 당시 대부분의 사람은 이것을 당연하게 받아들였다. 바리새인들은 스스로를 자랑하고 다른 모든 사람을 업신여길 권리가 있었다. 왜냐하면 이들은 누구도 치르려고 하지 않는 엄청난 대가를 치른 사람들이었기 때문이다.

바리새인들은 깊은 존경을 받았고 따라서 예수님과 사도 바울은 가장 높은 수준의 영적 헌신을 묘사하기 위해 바리새인이라는 카드를 사용했다. 이것이 청중에게 강렬한 인상을 남길 것을 알았기 때문이다.

예수님이 바리새인 카드를 사용하셨던 날

예수님이 바리새인 카드를 처음 사용하신 것은 산상수훈을 통해서였다. 우리의 힘으로는 천국에 들어갈 수 없다는 사실을 설명하시기 위해 예수님은 모세오경으로 잘 알려진 일련의 도덕기준들을 가리키시며 각각에 더욱 높은—즉 누구도 도달하지 못할—기준을 더하셨다.

예수님은 "너희가 ~할 것을 들었으나 나는 너희에게 ~을 이르노니"라는 말씀으로 그들이 지킬 수 있다고 생각했던 여섯 계명을 들어 각각을 성취 불가능한 기준으로 대체하셨다.

살인하지 말라는 계명은 형제를 향하여 화도 내지 말고, 그가 무엇을 했든 그에게 바보라고 욕하거나 멍청이라 부르지도 말라는 의미가 되었다.

간음하지 말라는 계명은 음탕한 생각과 눈길을 금지하라로 탈바꿈했다. 또한 이와 같은 영역에서 승리하기 어려운 사람들을 위한 추가 지시가 있었는데, 천국을 보기 원한다면 자신의 눈을 빼어버리고 손을 찍어버리라는 것이었다.

이러한 말씀에 청중들은 분명 움찔했을 것이다.

사실, 나도 움찔한다.

간음을 금하는 것과 음탕한 시선을 마음의 간음으로 분류하는 것은 엄연히 다르다. 그렇지만 한 번 쳐다보았다고 우리의 눈을 빼어버리거나 손을 찍어버려야 한다니, 생각만 해도 무서운 일이다.

물론 예수님이 명하신 바는 문자 그대로 눈 한쪽을 빼어버리거나 손 한쪽을 찍어버리라는 것이 아니었다. 예수님은 다만 이들이 자신의 논지를 제대로 이해하기를 바라셨다. 비록 그것이 성경적인 도덕률이고 우리가 그것을 아무리 꼼꼼히 지킨다 해도 우리는 하나님의 은혜 안으로 들어갈 길을 얻을 수 없다. 우리의 행위는 절대로 그만큼 의로울 수 없다. 거룩에 대한 하나님의 기준은 우리의 최선을 훨씬 넘어선다.

선한 행위와 의로 하나님 앞에 의롭게 서는 것이 어떻게 불가능한지 모든 사람의 이해를 돕기 위해, 예수님은 이토록 충격적이고 지키기 어려운 여섯 기준의 앞뒤로 전혀 뜻밖의 말씀을 배치하셨다.

1. 그는 다음과 같은 말씀으로 시작하셨다. "**너희 의가 서기관**

과 바리새인을 넘어서지 못하면 결코 천국에 들어가지 못하리라."[1]
2. 예수님은 다음과 같은 말씀으로 마치셨다. "하늘에 계신 너희 아버지의 온전하심과 같이 너희도 온전하라."[2]

청중들에게 이 두 말씀은 믿기 어려울 정도의 충격을 주었을 것이다. 이들이 하늘에 계신 아버지와 같이 온전해질 길은 어디에도 없었다. 또한 바리새인들은 의인 중의 의인으로 손꼽혔고, 따라서 이들보다 더 나아지는 것도 불가능했다.

실패가 불을 보듯 뻔했다!

그날 예수님의 말씀을 듣는 사람들 중 이렇게 생각하는 사람은 아무도 없었을 것이다. '하늘에 계신 아버지와 같이 온전해질 수는 없지만, 최소한 바리새인의 의 정도는 넘어설 수 있지. 바리새인들은 스스로 의롭다 자청하는 패배자들일 뿐인걸.'

아니다. 이들은 어안이 벙벙했다. '그건 불가능해!'라고 생각했을 것이다. 이것이 바로 예수님이 의도하신 바였다. 예수님은 이들의 눈을 십자가로 돌리는 것이 목적이었다. 예수님은 이들이 스스로 구원을 이룰 수 없다는 사실을 이해하기 바라셨다. 구원을 완성하는 일은 이들을 위하여 그분이 하실 일이다.

이러한 이유 때문에 예수님은 바리새인이라는 카드를 사용하셨다. 하나님과 가장 가깝다고 생각했던 사람들이 실상은 그렇지 못하다는 사실이 이들에게 아주 강렬한 인상을 남길 것을 아셨기 때문이다.

바울의 바리새인 카드

예수님만 바리새인 카드를 사용한 것은 아니다. 사도 바울 역시 이 카드를 사용했다. 바울은 바리새인을 향한 사람들의 깊은 존경심을 이용해 예수 그리스도의 절대적 우위와 충분성을 설명했다.

이 일을 위해 바울은 자신의 과거를 공개한다. 바울은 자신의 이력서를 뽑아들고는 자신이 한때 상당한 지위의 공식 바리새인이었음을 강조했다. 그러고 나서는 상당한 지위를 지닌 바리새인으로서의 유익도 그리스도 안에서의 거듭남과 비교될 때에는 쓸모없는 쓰레기와 같다고 주장하며 그것을 공박했다.

사실 바울은 여기서 **쓰레기**보다 더 심한 단어를 사용했다. 내 편집자가 내가 그 단어를 이 책에 사용하는 것을 허락하지 않을 것이다. 따라서 그 단어의 의미를 찾는 것은 책을 읽는 여러분의 몫이다. 미리 경고해두지만, 당신이 그 단어를 내뱉는 순간, 당신의 어머니가 당신의 혀를 비누로 씻기려 들지도 모른다(미국 아이들이 나쁜 말을 했을 때 부모가 그것을 나무라는 일종의 체벌 방식—옮긴이).³

바울이 사용한 단어는 그의 글을 읽는 모든 사람에게 큰 충격을 주었다. 그 단어가 저속해서가 아니라 바리새인이 되는 것에 따라오는 **모든** 영적 유익을 완전히 무시했기 때문이다. 바리새인은 가장 헌신된 사람들이었다. 이들의 열정, 훈련, 그리고 성경적 헌신은 타의 추종을 불허했다. 이 모든 것이 무가치할 수 있다니, 상상하기 어려웠다. 바울이 바리새인 카드를 사용한 것은 바로 이러한 이유에서였다.

바울은 바리새인으로서 자신이 성취한 모든 것을 거절함으로써 자신의 논지를 분명히 할 수 있다는 것을 알았다. 바로 예수님과 십자가, 그리고 부활이 우리 스스로 성취해온 어떤 것보다도 훨씬 좋다는 사실이다.

이것이 너무나도 중요한 이유

예수님과 바울 시대의 사람들이 바리새인에게 가졌던 깊은 존경심에 대한 이와 같은 통찰은 단순한 고대 역사의 여담을 넘어선다. 이것은 모든 그리스도인이 이해해야 할 중요한 내용인데, 그 이유는 단순하다. 바리새인들이 영적으로 얼마만큼 훌륭했는지를 이해하지 못한다면, 우리는 이들처럼 되는 위험을 발견하지 못할 것이다. 하나님의 열혈 옹호가에서 불구대천의 적으로 뒤바뀐 이들의 비극이 우리에게는 결코 일어나지 않으리라 생각할지도 모른다.

바리새인들이 스스로를 하나님의 열혈 팬이라 자부했다는 사실을 잊지 마라. 그들은 그분을 찬송했다. 그들은 그분을 예배했다. 그들은 그분을 공개적으로 옹호했다. 하지만 하나님이 나타나셨을 때, 그들은 맹렬히 저항했다.

마찬가지로 우리도 예수님과 성경에 대해 얼마든지 달변가가 될 수 있다. 그분을 찬송할 수도 있다. 노래할 수도 있다. 예수님을 공개적으로 옹호할 수도 있다. 하지만 우리가 기대하거나 동의하는 방식이 아닌 우리를 불편하게 하는 방식으로 그분이 나타나실 때, 우리 역시 발톱을 세우며, 이를 악물고 그분과 싸울 수도 있다.

중요한 사실은 바리새인 하면 떠오르는 유일한 심상이 영적 패배자이거나 예수님의 영원한 적이라면, 우리는 결코 우리의 삶 속에서 분명하게 당면한 위험을 인식할 수 없다는 점이다. 하나님을 향한 열심으로부터 하나님에 대한 저항으로의 여정이 매우 가깝고 미묘하다는 사실 역시 깨닫지 못할 것이다.

우연한 바리새인들을 위한 좋은 소식

냉혹한 사실을 피할 길은 없다. 예수님 시대에 살았던 바리새인들 중 일부는 지옥으로 가는 편도행 승차권을 끊었다. 예수님은 매우 분명히 말씀하셨다. 바리새인들은 "잘하였도다 착하고 충성된 종아"라는 말씀을 기대했지만, 정작 이들이 들은 말씀은 "내가 너희를 도무지 알지 못하니 불법을 행하는 자들아 내게서 떠나가라"였다.[4]

그러나 감사하게도, 일부 다른 바리새인들의 결과는 달랐다. 이들은 영적인 교만과 배타성을 비롯한 다른 특징을 지닌 바리새주의의 길로 우회했고, 이것은 큰 대가를 치러야 할 실수였으나 그렇다고 지옥 형벌을 향한 승차권을 끊을 정도는 아니었다. 이들은 분명 상실의 고통을 경험했다. 스스로 잘 쌓고 있다 생각했던 모든 상급은 아무런 유익도 되어주지 못했다.[5] 하지만 바리새인의 길을 향한 일부 바리새인들의 여행은 한시적인 우회로 끝이 났다. 어떤 이유에서인지 일부 바리새인들의 눈은 열렸고, 이들은 돌아섰다.

나는 니고데모를 떠올린다.[6]

사울이라는 이름의 바리새인을 생각한다. 우리는 그를 사도 바울로 알고 있다.[7]

잠깐 솔깃해 보였던 이 길을 따라 걸었던 나 자신의 여행도 떠오른다.

칼뱅주의 친구들은 하나님이 나를 다시 끌어올리셨다고 말한다. 아르미니우스주의 친구들은 내가 돌아서기로 선택했다고 이야기한다. 이 문제에 대해서는 다른 책에서 싸우도록 하자. 어찌 되었든 이 길을 따라 막 내려선 사람들—심지어는 먼 거리를 내려간 사람들—이라도 여전히 스스로 돌이켜 집으로 돌아올 수 있다는 사실이 중요하다.

출구차선은 언제나 있다. 유턴의 기회도 언제나 있다.

3장
아리마대 사람 요셉

누구도 닮고 싶어하지 않은 제자

•

얼마 전 나는 내가 안다고 생각했던 한 제자에게 큰 충격을 받았다. 그의 이름은 아리마대 요셉이다. 예수님은 그의 무덤에 장사 되셨다. 그는 모든 사복음서에 카메오로 등장했다가 금방 사라진다.

나는 그의 이름을 잘 알고 있다. 하지만 그에 대해서는 아는 바가 거의 없었다. 고난주간 Holy Week 이야기에서 그의 역할은 너무 사소해서 깊이 연구할 가치는 없다고 생각했다.

나는 그가 제자라는 사실을 알고 있었다.

그가 두려움을 무릅쓰고 용감히 나서서 예수님의 시신을 요구했다는 사실 역시 알고 있었다.

예수님이 요셉의 무덤에 장사 되셨다는 사실도 알았다.

하지만 나는 굉장히 중요한 무언가를 놓치고 있었다. 그가 어떤 부류의 제자였는지에 대해 전혀 알아채지 못한 것이다. 그는 누구도 닮고 싶어하지 않는 제자였다.

독자 여러분이 사복음서의 모든 기록을 비교해가며 그의 이야기를 주의 깊게 읽는다면, 그가 오늘날 살아 있다고 가정할 때(그리고 우리가 그 이야기의 결말을 알지 못한다고 할 때), 우리는 그를 패배자로 단정 지을 것이 분명하다. 아리마대 요셉은 전형적인 가짜 제자의 모습을 하고 있다. 대부분의 설교자가 반대하고, 조롱하고, 닮지 말라 경고하는 유형의 제자가 바로 그다.

자, 이제 설명해보자.

예수님이 요구하시는 것

신학계에서는 참된 제자의 조건이 무엇인가에 대해 늘 열띤 토론을 벌여왔다. 참된 제자로의 진입 장벽은 낮아야 할까, 아니면 높아야 할까? 예수님께서 오신 것은 하찮은 자들을 들이기 위함일까, 아니면 뜨뜻미지근한 자들을 내쫓기 위함일까?

정치적인 정답은 몇 년을 주기로 하여 변경된다. 한 극단에서 다른 극단으로 흔들린다.

한동안은 복음전도를 무척 강조했다. 목표는 사람들의 구원이었다. 천국을 가득 채우는 것이 꿈이었다. 제자훈련에는 그다지 관심이 많지 않았다. 대부분의 경우, 성숙은 나중 문제였다.

이것에 이어 관심의 추는 제자훈련이라는 반대편으로 움직였다. 이제 목표는 사람들의 성숙이다. 불타는 제자들로 가득 찬 교회가 꿈이었다. 어려움에 분투하는 사람들을 향한 인내는 드물었다. 두려워하거나 망설이거나, 아직은 전적 확신이 없는 사람들은 떠나야 했다.

이것이 오늘날 우리의 상황이다. 컨퍼런스와 책, 기조연설자들은 예수님에 대한 전적 헌신을 강조했다. 다시 한 번 영적 소진이 명예 훈장이 되었다. 어떤 모임은 예수님을 따르기 위하여 누가 가장 많이 포기할 것인가를 증명하기 위한 대회와 다를 바가 없었다.

최근 우연히 내 책상에서 발견한 소책자에서는 다음과 같이 표현했다. "간단히 말해 예수님은 절대적이고, 완전하며, 독점적인 애정 관계를 **요구하신다**."[1]

그것을 읽은 나는 생각했다. "정말로?"

우리의 절대적이고, 완전하며, 독점적인 애정이 없으면, 예수님과의 관계도 없다는 뜻인가? 절대적이고? 완전하고? 독점적인?

이것이 사실이라면 아마도 많은 그리스도인이 지옥불에 떨어질 것이다. 굉장히 많은.

나도 그 자리에 있을지 모른다.

예수님이 상당히 높은 기준을 세우셨다는 사실에 대해서는 의문의 여지가 없다. 그분은 부자 청년에게 그가 가진 모든 재물을 팔라고 말씀하셨다. 어떤 사람에게는 아버지의 임종을 기다릴 수 있는 선택권도 허락하지 않으셨다. 또한 예수님은 제자들에게 미움받을 것과 죽음을 예고하셨다. 우리에게는 날마다 자기 십자가를 지고 그분을 따르라고 말씀하셨다.² 그러나 요즘에는 누구도 말하지 않는 것처럼 보이는 것들 역시 예수님은 말씀하셨고 행하셨다.

예를 들어 예수님은 신비한 접촉을 기대하며 몰래 다가온 두려움 많은 여인을 치유해주셨다. 그 여인이 너무나 소심함에도 불구하고 그분은 그녀의 믿음을 칭찬하셨다.³ 베드로가 자신을 부인할 것을 아셨지만, 상관치 않고 그를 가까이에 두셨다. 이후에는 그를 뒤쫓기까지 하셨다. 또한 베드로에게 꽤나 매력적인 과업을 맡겨주셨다.⁴ 그리고 의심하는 도마에게는 굳이 자신의 모습을 보여주셨다. 예수님의 나타나심은 도마를 무리에서 쫓아내기 위함이 아니었다. 그의 의심을 극복하도록 돕기 위함이었다.⁵

더욱 놀라운 것은 예수님이 수고하고 무거운 영적 짐을 진 자들을 불러 자신에게서 쉼과 가벼운 짐, 쉬운 멍에를 얻으라 말씀하신 사실이다.⁶

그렇다. 쉼과 가벼운 짐, 그리고 쉬운 멍에다. 이러한 메시지를 오늘날 전해보라. 아마 당신은 타협자로, 편안한 소비주의 기독교의 옹호자라며 비난받을 것이다.

서신서에는 어떤 일이 일어난 걸까?

최근에야 알게 된 사실이 또 하나 있다. 많은 개신교도들이 제자훈련에 관해서, 성경에 대한 로마 가톨릭의 강경한 접근을 받아들였다는 것이다. 가톨릭 교도들은 복음서가 낭독될 때는 자리에서 일어서고, 서신서가 낭독될 때는 자리에 앉는다.

오늘날 잘 알려진 제자훈련 전문가들 중 다수가 본질적으로는 같은 일을 한다. 예수님을 따르는 것이 의미하는 바에 대한 이들의 신학과 패러다임은 오로지 예수님의 말씀을 기초로 한다. 말씀의 문맥이나 그분의 가르침에 대한 신약 서신서들의 해석과 적용에는 관심이 없다.

예수님께서 우리에게 절대적인 충성을 요구하시고 그것이 당연하다는 사실에는 논쟁의 여지가 없다. 그분이 정말 육신을 입으신 하나님이시라면, 그보다 덜한 반응을 보이는 것은 어리석은 것이다. 하지만 예수님의 강압적이고 냉혹한 진술들을 문맥에 상관없이 해석하는 것은 아주 큰 실수를 저지르는 행동이다. 이 말씀들이 강렬한 연설문구는 될지 모르겠지만, 그와 동시에 그릇된 신학을 만들기 때문이다.

예수님께서 우리에게 원하시는 바를 올바르게 이해하기 위해, 우리는 그분의 **모든** 말씀과 **모든** 행하심을 포함시켜야 한다. 더불어 사도들의 글을 제외시켜서도 안 된다. 이들이 예수님의 행하심을 가까이에서 보지 않았는가. 예수님에 대한 사도들의 해석은 믿을 만하다.

한 가지 예를 들어보자.

예수님이 모든 것을 버리고, 자기를 죽이고, 그분을 따르라고 하셨는데, 이것이 오늘날 우리에게 의미하는 바는 무엇일까?

붉은색으로 된 예수님의 말씀에만 집중하는 사람들에게 이것은 너무나 간단한 이야기다. 예수님은 우리가 안락한 집을 포기하고 해외 선교지나 빈민가로 나가기를 원하신다. 만약 그럴 수 없다면 최소한 단기 선교에 다녀오거나 생활양식을 하향 조정해 가는 사람들을 좀 더 많이 도와줘야 한다.

하지만 이것이 정말로 예수님이 원하시는 것일까? 이것이 정말로 우리 대부분을 향한 그분의 부르심일까?

나는 그렇게 생각하지 않는다.

그 이유는 다음과 같다.

복음서를 전체적으로 주의 깊게 읽어보면 예수님은 몇몇 특정한 사람에게만 모든 것을 버리고 자신을 따르라 이르셨다. 예수님과 함께 있고자 하는 사람을 돌려보내신 경우도 있다.[7] 군중에게 짐을 꾸려 이 마을에서 저 마을로 자신을 좇으라고 말씀하신 적도 결코 없다. 해가 지면, 예수님은 사람들을 각자의 집으로 돌려보내셨다.

그리고, 신약 서신서의 저자들 중 누구도 독자들을 격려해 선교지로 떠나라거나 바울과 베드로와 같이 교회를 개척하라고 말하지 않았다. 실은 정반대다. 바울은 고린도 교회 교인들에게 그들이 심겨진 곳에서 꽃을 피우고, 데살로니가 교회 교인들에게는 조용히 자기 일을 하라 명했다.[8]

자기 십자가를 지고 예수님을 따르는 것의 의미가 무엇이든 우리는 이러한 본문들도 함께 생각해봐야 한다. 예수님의 특정 말씀 몇 구절을 가지고 그것을 모든 사람을 위한 세계적인 과업과 책임인 것처럼 만들어서는 안 된다. 우리는 그분의 말씀을 **전체적 성경** 아래에서 해석해야 한다. 그 외 모든 것은 잘라붙이기 신학이다.

아리마대 요셉이 너무나도 중요한 이유

이러한 이유에서 아리마대 요셉의 이야기는 매우 중요하다. 이 이야기는 우리의 패러다임을 부순다. 예수님과 제자도, 하나님을 기쁘시게 한다는 것의 의미, 하나님이 사용하시는 사람에 대해 우리가 가지는 많은 선입견을 차단한다.

좀 더 자세히 살펴보자.

앞에서 언급한 대로 나는 이제껏 요셉을 부활 이야기 속 보조 출연자 정도로만 생각해왔다. 주연 배우들은 죽음과 부활에 직접적으로 관련된 이들이었다. 예수님의 묻히심은 이 두 사건의 연결점일 뿐이었다. 요셉과 그의 무덤이 필요하긴 했지만, 그것은 긴 문장에 접속사가 필요한 것과 비슷한 이치였다.

시신들이 어딘가에는 반드시 장사 된다고 생각했기 때문이다. 그러나 이것은 사실과 거리가 멀었다. 1세기 당시, 사형수들의 시신은 쓰레기장에 던져졌다. 쓰레기더미를 뒤지는 개와 독수리들의 먹잇감을 남기는 것이다.

아리마대 요셉이 없었다면,

부활할 몸도 없었고,

가리킬 빈 무덤도 없었다.

이 사실을 잊지 마라. 요셉은 예수님의 시신을 거두고자 나선 **유일한** 제자였다. 그 외 다른 이들은 어디에서도 찾아볼 수 없었다. 몇몇 여자들만이 다음에는 무슨 일이 벌어질지 보려고 서성였을 뿐이었다. 그러나 다른 모든 이들은 극심한 충격과 비탄에 잠겨 예수님을 떠난 것이 분명했다.

이게 다가 아니다. 아리마대 요셉의 행동은 중요한 메시아 예언의 성취였다.

이사야는 고난받는 종이 정죄를 받아 죽을 것과 그의 무덤이 악인들과 함께 있으며, 또 죽은 후에 부자와 함께 묻힐 것을 예언했다.[9] 이것은 사실 이상한 조합이다. 그러나 아리마대 요셉이 부자였고, 예수님이 그의 무덤에 장사 되었기 때문에, 이 예언은 문자 그대로 성취되었다.

(그런데 왜 예수님이 돌아가신 후 부자와 함께 장사 되는 것이 중요했을까? 아마 어느 누구도 성취할 수 없다고 주장할 만큼 기이한 예언의 성취를 위해서였을 수도 있다. 하지만 다른 이유 역시 유추가 가능하다. 화려한 무덤에 장사됨은 그분의 높아지심을 위한 첫 번째 단계였을지도 모른다. 바울은 빌립보서에서 예수님이 하늘 영광을 버리시고, 사람의 형체를 입으시고, 십자가에서 죽으시기까지 자신을 낮추셨기 **때문에**, 지극히 높아지셨다고 기록한다. 예수님의 낮아지심의 첫 번째 단계는 다른 사람 소유의 구유라는 가난이었다. 그렇다면 높아지심의 첫 번째 단계는 부자와 함께 장사 되는 영광이었을지도 모른다. 누가 알겠는가? 언젠가 그분에게 직접 여쭈어보고 싶은 질문이다.)[10]

하나님이 부자의 무덤을 선택하신 이유가 무엇이든 그것의 성취를 위해 사용하신 사람은 아리마대 요셉이었다. 요셉이 아니었다면 예수님의 시신은 쓰레기더미 위에 버려져 부활절 아침이 이르기 훨씬 전에 종적을 감추었을지도 모른다.

예상 밖의 영웅

요셉은 인정받지 못한 영웅이었다. 뿐만 아니라 예상 밖의 영웅이었다. 이것의 의미를 이해하기 위해 마태복음부터 요한복음까지 살펴보도록 하자.

부유한 제자?

가장 먼저 알 수 있는 사실은 아리마대 요셉이 부유했다는 것이다. 그는 예전이 아니라 지금 부유했다. 또한 그가 이미 얼마 동안 제자였다는 사실을 발견하게 된다.[11]

요셉은 부유한 제자였고, 이 사실은 **부**와 **제자**라는 단어가 함께할 수 없다고 생각하는 사람들에게 벌써부터 문제가 된다.

힘 있는 정치인?

마가는 아리마대 요셉이 공회(산헤드린)의 일원, 즉 71명의 회원으로 구성되었으며 이스라엘의 대법원이라 할 수 있는 강력한 모임의 존경받는 회원이었음을 덧붙인다. 이들은 또한 예수님을 빌라도에게 넘긴 사람들이기도 했다.[12]

요셉은 부유한 제자였을 뿐 아니라 예수님을 죽이려고 빌라도에게 넘긴 모임의 명망 있는 회원이었다. 이것이 혼란스럽게 느껴진다면, 상황은 더욱 악화된다.

의로운 자?

누가는 그가 예수님을 빌라도에게 넘기기로 한 공회의 결정에 찬성하지 않은 선하고 의로운 자였다고 덧붙인다.[13]

하지만, 이것은 몇 가지 의문을 낳는데, 만일 그가 제자였고 의로운 자였으며 그와 같은 결정에 동의하지 않았다면, 왜 그것을 저지하기 위해 나서지 않았던 것일까? 어찌 되었건 그는 공회의 하급 회원이 아니었다. 존경받는 회원이었다. 하지만 복음서 어디에도 공회의 내부에 저항이 있었다는 암시는 없다. 강력한 의견 일치가 있었음을 암시할 뿐이다.

상황은 더더욱 혼란스러워진다. 요셉은 부유한 제자였을 뿐 아니라 예수님을 빌라도에게 넘긴 정치 조직에서 존경받는 공회원이었다. 선하고 의로운 사람이었다지만, 예수님에 대한 졸렬한 재판을 저지하기 위해서는 어떠한 일도 하지 않은 듯 보인다.

그러나 이야기는 더더욱 복잡해진다.

숨은 제자?

요한은 아리마대 요셉이 숨은 제자였고, 동료 유대 지도자들을 두려워하여 몸을 낮추었다고 말한다. 다르게 말하면, 그는 자신의 부와 지위를 잃어버릴까 봐 두려워했고, 따라서 예수님이 돌아가실 때까지 수풀 속에 자신의 몸을 숨겼다.[14]

독자들은 어떻게 생각할지 모르겠으나, 나는 이런 상황을 의로운 사람이나 제자의 행동으로 보아주기는 어렵겠다. 나는 늘 "숨은 제자"를 반어법이라 생각했다.

3장 | 아리마대 사람 요셉: 누구도 닮고 싶어하지 않은 제자 ••• 47

솔직히 말해 현대판 요셉을 마주친다면, 나는 그를 제자라기보다는 사기꾼이나 짝퉁이라 부를 것이다. 더 나아가서 나는 아리마대 요셉을 우리 시대 얄팍하고 비헌신적인 기독교의 모든 잘못된 것의 한 예로 사용할 것이다.

그런데 한 가지 문제가 있다. 예수님은 그를 불러 실패자라고 단정 짓거나 비난하지 않으셨다. 예수님은 요셉을 자신의 영광을 위하여 사용하셨다. 그리고 그를 합당한 제자로, 선하고 의로운 자로 묘사하셨다. 그가 예수님의 시신을 거둔다고 나서기 **전**, 즉 그가 부유했고 무엇을 잃을까 봐 두려워하던 숨은 제자였을 때, 하나님이 요셉을 묘사하기 위해 사용하셨던 단어들이 바로 이러함을 기억하라.

겸손하게 하는 생각

그러나 이 이야기에는 나를 겸손하게 하는 또 다른 사실이 있다. 그것은 바로 이 이야기로부터 누락된 사람들이다.

예수님을 따르려고 가진 모든 것을 버렸던 강경한 제자들은 어디에도 없었다. 이 사람들은 내가 예수님을 철저히 따르는 것의 의미를 설명하기 위해 예로 드는 사람들이다. 하지만 모든 것을 상실한 것처럼 보이는 가장 어두운 순간, 용감한 자들에게는 용기가 없었고 헌신된 자들에게는 헌신이 보이지 않았다. 행동을 보였던 유일한 이는 겁 많은 숨은 제자 한 사람뿐이었다.

여기서 잠깐, 이것은 나를 아주 진지하게 생각하게 한다.

먼저는 이제까지의 나의 희생에 대해서 나 자신을 칭찬하기가 주저된다. 주식 투자자들의 말대로 "과거의 실적이 미래의 성과를 보장하지 않기" 때문이다.

추측하건대 나는 내가 생각하는 만큼 강하지 않다. 예수님이 손수 뽑으신 제자들도 분명 그랬을 것이다. 이전에는 늘 예수님의 곁을 지켰던 신실했던 이들이 그렇게도 재빠르고 완전하게 도망했다는 사실은 무섭기까지 하다.

우리 중 과연 어떤 사람이 완전하고 충분하게 자기 십자가를 지고, 자기를 부인하고, 생명 그 자체보다 예수님을 더 사랑한다고 말할 수 있을지 의문이 든다. 솔직히 말해 우리가 생각하는 절대적이고, 완전하며, 독점적인 헌신을 가진 사람은 아무도 없고, 이것은 그러한 헌신만이 참된 제자의 마땅한 표라 주장하는 사람들도 마찬가지다.

두 번째로, 온전한 헌신과 무모한 내려놓음을 두고 분투하는 사람들을 패배자라 단정 짓고, 비난하는 것을 주저하게 된다. 예수님도 그렇게 하지 않으셨는데 내가 뭐라고 "숨은 제자"를 무가치하다 소리치겠는가? 예수님도 그렇게 하지 않으셨는데 내가 뭐라고 아직은 전적으로 헌신하지 못한 이들을 패배자라 단정 짓겠는가? 내가 뭐라고 하나님이 실제로 사용하셨던 이들을 사용하실 수 없다 말하겠는가?

나는 종종 교회를 순결하게 한다는 이유로, 우리가 예수님보다는 바리새인을 더 닮아가고 있지는 않은지 궁금해진다. 아마도 우연한 바리새인일 것이다. 하지만 그렇더라도 바리새인이다.

바리새인은 상한 갈대와 꺼져가는 등불, 그리고 수고하는 성도들에 대한 인내가 없다. 무거운 짐과 무수한 죄책감을 쌓아올릴 뿐이다. 하지만 정작 자신은 이것을 한 손가락으로도 움직이려 하지 않는다.[15] 또한 기회가 될 때마다 사람들을 걸러낸다.

예수님은 그렇지 않으신다.

그분은 상한 갈대를 꺾지 않으신다. 꺼져가는 심지도 끄지 않으신다. 수고하고 무거운 짐 진 자들에게는 쉼, 가벼운 짐, 쉬운 멍에를 내미신다.[16]

아리마대 요셉의 이야기가 아름다운 것은 분투하는 성도들을 향한 예수님의 연민과 인내, 은혜를 드러내기 때문이다. 아리마대 요셉은 전형적으로 꺼져가는 등불 유형이라 할 수 있다. 우리 중 많은 이들이 그것을 꺼트리고 싶은 유혹을 느꼈을 것이다. 하지만 예수님은 그의 불꽃을 돋우셨다. 심지어는 가까스로 살아 있는 것이라도 그의 불씨를 살려두셨다. 그리고 마침내 요셉의 작은 불꽃이 다른 모든 이들보다 더욱 빛나게 타오르는 순간이 찾아왔다.

심지가 살아 있는 한, 언제나 희망은 있다.

우리는 예수님이 하셨던 것처럼 그 불꽃을 돋우어 더욱 빛나게 할 수 있다.

혹은 그것을 무가치하고 아무 쓸모 없는 것, 그리고 하나님을 당혹시킬 것으로 여겨 무시하고 짓밟을 수도 있다.

선택은 우리의 몫이다.

하지만 내가 분명히 말할 수 있는 것은 아리마대 요셉의 경우

불꽃을 짓밟는 군중이 그를 먼저 붙잡지 못한 것이 다행이라는 사실이다. 그랬다면 이들은 부활절을 망쳤을 것이다.

1부를 위한 토의 질문

열성적 믿음의 어둡고 위험한 측면

1. 열성적 믿음의 어둡고 위험한 측면의 "문제는 영적 열심이 아니다.…문제는 어긋난 영적 열심, 전체적 성경과 맞닿아 있지 못한 주를 향한 열심이다."
   a. 당신이 유독 열심을 냈던 무언가가 나중에 알고 보니 진실과 일치하지 않는다는 사실을 발견했던 경험이 있는가?
   b. 당신이 영적인 영역의 무언가에 유독 열심을 냈고 나중에서야 당신의 열심이 성경과 일치하지 않는다는 사실을 발견했던 경험이 있는가? 있다면, 무슨 일이 있었는가? 무엇이 당신의 마음을 변화시켰는가? 결과적으로 당신은 어떤 변화를 이루어냈는가?

2. 예수님 시대 바리새인들은 자기 훈련과 개인적 희생, 엄격한 도덕률에 뛰어난 선수였다. 당신이 예수님 시대에 살고 있다고 상상해 보라. 그들의 영적인 열정에 대해 어떻게 반응했을 것 같은가? 존경과 위협, 혐오 중 어떤 감정을 느꼈을까, 아니면 어떤 반응을 보였을 것 같은가? 그 이유는 무엇인가?

3. 누구도 닮고 싶어하지 않는 "숨은 제자" 아리마대 요셉의 이야기 중 당신에게 가장 **놀라웠던** 사실은 무엇이었는가?
   a. 만일 당신이 사도들 중 하나였다면 그가 용감히 나서서 예수님의 시신

을 요구하기 **전까지** 당신은 요셉을 어떻게 보았을 것 같은가?

b. 아리마대 요셉의 이야기는 당신이 다른 그리스도인들을 바라보는 시선을 조금이라도 바꾸어놓았는가? 당신 자신을 바라보는 시선은 어떻게 바꿀 수 있을까? 이 이야기가 하나님이 그분의 나라에서 사용하시는 사람에 대해 전하는 바는 무엇인가?

4. 당신이 1부에서 단 하나의 통찰이나 원리를 뽑아내어 실천한다면 그것은 무엇이며, 그 이유는 무엇인가?

교만
비교가 오만이 될 때

Accidental Pharisees

4장

비교의 저주

교만에 대해 티볼이 가르쳐준 교훈

우리 아이들이 티볼(T-Ball, 5-7세 아이들을 위해 고안된 야구의 일종—옮긴이) 팀에 있었을 때가 떠오른다. 그때 나는 한 팀의 코치를 맡아 지도했다. 아이들에게 삼루가 아닌 일루로 뛰어야 한다는 것을 가르치는 일과 학부형들에게 누가 이기는지는 중요하지 않다는 것을 가르치는 일 중 무엇이 더 어려웠는지는 잘 모르겠다.

아이들의 나이는 5-6세 사이였다. 그중 몇몇 아이들은 공을 치거나 잡는 것은 고사하고 잘 걷지도 못했다. 그리고 아이들이 집중할 수 있는 시간은 굉장히 짧았다. 속도 측정계를 들고 관람석에서 경기를 지켜보는 스카우트도 없었다. 따라서 우리 팀 아이들이 얻거나 잃을 장학금은 없었다. 단순히 경기를 배우고 즐기는 것으로 충분한 시간이어야 했다. 우리에게는 점수를 계산하지 않는다는 엄격한 규칙이 있었다.

그러나 모든 사람이 점수를 알고 있었다. 심지어는 숫자를 세지 못하는 아이들까지도 말이다. 만루 9회 말 우리 팀 선수가 들어와 4점을 득점하면, 관중석에서는 환호성이 터져 나왔다. 누군가 이 광경을 보았다면 우리 팀이 경기에서 이긴 줄 알았을 것이다. 사실, 점수를 계산하는 사람은 아무도 없었다. 그러니까, 공식적으로는.

비교라는 강력한 끌림과 그것에 동반되는 은밀한 위험에 대해 배우게 된 것은 이때였다. 심지어 비교하고 점수를 매기고 싶지 않을 때라도(나는 정말로 그러고 싶지 않았다) 어쩔 수가 없었다. 그것은 다른 사람들도 마찬가지였을 것이다. 우리 모두는 점수를 알고 있었고 자신도 모르는 사이에 점수를 계산하고 있었다.

그러나 진짜 위험은 비교 그 자체에 있지 않았다. 그 정보를 가지고 우리가 무엇을 하느냐에 있었다. 우리는 우리 자신과 아이들에게 서열을 매겼다. 아이들의 경기력을 기초로 우리는 자신과 아이들에 대해 흥분했고, 혹은 패배감을 느꼈다.

어떤 아이가 세 번이나 홈런을 치면 그의 부모는 자리에서 일어나 소리쳤다. "장하다, 우리 아들!" 하지만 아이가 나비를 쫓느라 높이 친 공에 머리를 맞을 때면 부모는 의자 아래로 몸을 숨겼다.

이것은 무척 이상하게 들릴 것이다. 고작 티볼 아닌가. 아주 조금이라 해도 어떻게 한 사람의 가치를 티볼 경기로 평가한다는 말인가? 그러나 그럴 수 있다. 그리고 우리는 실제로 그렇게 한다. 만약 당신이 지금 혐오감에 고개를 내젓고 있다면, 그것은 당신의 자녀가 티볼 경기 9회 말 투아웃 상태에서 만루 홈런을 쳐본 경험이 없기 때문이다.

티볼 팀이 내게 가르쳐준 사실은 비교하기 원하는 우리의 내적 충동이 얼마나 강력한지와 우리가 사람들을 얄팍한 이유들로 얼마나 빨리 승자와 패자로 분류하는지였다. 이것은 티볼 경기에서도 좋지 않았지만, 우리의 영적 생활이나 주님과의 관계에 적용될 때에는 비극이 된다.

영적 비교의 문제

영적 비교는 특히나 어리석은 일이다. 우리가 언제나 이야기의 전체를 다 알 수는 없다. 우리는 그저 겉모습을 볼 수 있을 뿐이다. 마음을 들여다볼 길은 없다. 이 말은 우리가 사람들을 판단하는 결론 대부분이 완전히 틀리다는 뜻이다. 이미 살펴보았듯이 바리새인들의 겉모습은 매우 인상적이다. 그러나 그들의 내면은 죽어 있었다.

또한 우리의 영적 비교는 놀랍도록 편향적이다. 우리는 비교하되 우리 자신이 우월하도록 비교하는 놀라운 능력을 가지고 있다. 그리고 우리가 우월할 때 그것에 미치지 못하는 다른 사람들을 업신여기지 않기란 무척 어려운 일이다.

교만이 특별히 위험해지는 순간이 바로 이때다.

불행하게도 우리는 교만이 얼마나 위험한지를 이해하지 못한다. 다른 사람을 업신여기면 안 된다는 사실은 알고 있지만 그것을 작은 죄 정도로만 치부하는 경향이 있다. 물론, 누군가를 업신여겼다고 감옥에 가지도 않는다. 교만은 식사 후 양치질을 깜빡하는 것과 과속 운전의 중간 즈음에 자리한다. 지양하려고 노력해야 할 부분이기는 하다. 그러나 큰 문제는 아니다. 시시때때로 교만과 씨름하고 있음을 인정한다고 해도, 우리는 "다른 모든 사람들보다 훨씬 뛰어난 사람으로서 항상 겸손하기란 어렵군요"라고 생각할 뿐이다.

하나님과의 동행에 열정이 넘치는 사람들을 만난 적이 있다. 어쩌다 보니 대화는 그들만큼 열정적이지 못한 다른 교인들에 대한 이야기로 흘러갔다. 이들은 곧 다른 사람들이 자녀를 기르고, 재정을 사용하고, 성경을 읽고, 우선순위를 정하는 방식에 대해 비난하기 시작했다.

일종의 "저들과 같지 아니함이 기쁘지 아니한가?"라는 식의 대화였다.

물론 이들은 우수한 신앙의 사람들이었다. 실제로 이들의 자녀 양육과, 재정 운영, 성경을 읽고, 삶의 우선순위를 정하는 방식은 매우 훌륭했다. 이들이 스스로 훌륭하다는 사실을 알고 있는 것은 문제가 되지 않았다. 문제는 그러한 정보로 무엇을 하느냐에 있었다. 이들은 그것을 이용해 다른 이들에 대한 업신여김을 정당화했다. 이들은 오만해졌다.

내가 그것을 지적했을 때 이들은 아주 약간의 후회하는 기색을 비쳤다. 마치 속도위반하다 붙잡힌 사람처럼 말이다. 하지만 누구도 자신의 죄를 특별하게 깨달았다거나 다시는 그 죄를 범하지 않겠다고 다짐하지는 않았다. 나는 우리가 방금 나누었던 대화에 대한 하나님의 관점을 나타내는 말씀을 보여줌으로써 이들을 인도해야겠다고 다짐했다.

우리는 사탄의 교만한 타락에서 시작했고 거기로부터 움직였다. 하지만 이들에게 충격은 하나님이 싫어하시는 목록이었다. 이것은 잠언 6:16-19에 기록되어 있다. 여호와께서 미워하시는 목록의 일순위는 "교만한 눈", 즉 우리가 방금 나누었던 냉혹한 대화에 대응하는 혐오와 경멸로 찬 오만의 시선이었다.

하나님을 분노하게 하는 일은 너무나 많다. 그러나 하나님이 가장 싫어하시는 일이 다른 사람들을 업신여기는 것이라 예상하는 사람들은 거의 없다. 그러나 이것은 사실이다. 그날 내가 이야기했듯 이 본문이 사실이라면 하나님은 우리가 교만하기보다는 차라리 음란물과 씨름하는 것을 낫게 여기신다.

이것은 그들을 긴장시켰다.

하지만 이것은 사실이다. 그들이 무심코 내뱉은 다른 사람을 무시하고 판단하는 말들은 사소한 잡담이 아니었다. 심각한 죄였다. 그것도 가장 나쁜 죄 일순위에 해당하는.

뜻밖의 위험지대

하나님이 가장 싫어하시는 이 죄에 대해 나는 아주 이상한 점 하나를 발견했다. 이것이 보통은 하나님을 가장 사랑한다고 생각하는 사람들 사이에서 발견된다는 점이다.

영적 오만은 후방의 죄가 아니라, 최전방의 죄다. 때문에 나는 이것을 열심 있는 믿음과 진지한 제자도, 성경 교육으로 인한 산업 재해처럼 생각하기도 한다.

몇 년 전 나는 하나님의 놀라운 역사에 참여했다. 내가 그라운드 제로(2001년 9월 11일에 테러가 일어난 세계 무역 센터가 있던 곳—옮긴이)에 있었던 것은 그야말로 행운이었다. 나는 모든 것을 아주 가까이에서 상세하게 볼 수 있었다. 하나님의 영이 일하고 계셨다. 많은 사람이 그리스도께로 나아왔다. 많은 삶이 철저하게 변화되었다.

그러던 중 어떠한 일이 일어났다. 우리는 스스로를 다른 사람들과 비교했고, 눈에 보이는 것을 좋아하기 시작했다. 우리 안에는 하나님을 향한 불이 뜨겁게 타올랐다. 하지만 대부분의 사람은 그렇지 못했다. 따라서 우리는 그렇지 못한 사람들을 업신여기기 시작했다.

우리는 구원받지 못한 자들과 강경한 죄인들을 여전히 사랑했다. 그러나 온전히 헌신하지 못하는 그리스도인들은 경멸했다. 하나님이 우리를 기뻐하시고 그들을 향해서는 분노하신다고 확신했다. 하나님이 우리에게 그토록 강력하게 그분의 영을 부어주시는 이유는 말씀을 향한 갈급함과 하나님을 향한 뜨거운 열정 때문이라고 생각했다.

우리는 스스로가 심각한 영적 위험지대에 도달했다고는 차마 생각지 못했다. 머지않아 그 뜨거운 역사는 잦아들었다. 우리 중 너무 많은 이들이 경로를 이탈했고, 다른 이들을 내려다보며 업신여길 수 있는 곳으로 향했다.

그곳의 전망은 숨이 멎을 만큼 놀라웠다. 내 친구들 중 몇 명이 그곳에 자리를 잡은 것은 그 때문이었다. 수십 년이 지난 지금까지도 이들은 여전히 그곳을 떠나지 않고 있다. 여전히 하나님이 자신을 가장 사랑하신다고 확신하며 과거 속에 살고 있다. 자신이 살기로 선택한 그곳을 하나님이 얼마나 싫어하시는지 전혀 알지 못하면서 말이다.

모든 상급을 궁극적으로 무효화하는

다른 사람을 업신여기는 것은 궁극적으로 모든 상급을 무효화한다. 이것은 무수한 선한 행위와 의로운 삶을 무산시킨다.[1]

예수님은 해박한 성경 지식과 뛰어난 영적 훈련, 하나님을 향한 뜨거운 열정으로 가득 찬 사람에 대해 말씀하셨다. 기도하러 성전에 올라간 그는 자신이 성취한 모든 것에 압도되었다. 그는 자신이 다른 이들과 같지 않음으로 인하여 감사했다. 그는 도둑질하지 않았고, 불의를 행하지 않았으며, 간음하지 않았다. 일주일에 두 번씩 금식을 했고, 소득의 십 분의 일을 하나님께 드렸다.

이것은 모두 사실이다. 허풍이 아니었다. 정말로 그는 도덕적으로 뛰어난 사람이었다. 그가 자신감에 가득 차 있을 이유는 많았다.

같은 시간, 또 다른 사람이 기도하러 성전에 올라왔다. 그러나 그는 패배자였다. 그는 하나님께 드릴 것이 없었다. 정말로 그랬다. 그의 민족은 그를 부도덕한 배신자라 불렀다. 그는 자기 민족인 유대인들로부터 과도한 세금을 걷어 그들을 박해하는 로마에 바치고, 남은 돈으로는 자신의 생계를 꾸렸다.

기도할 때에, 그는 너무나 부끄러워 눈을 들지도 못했다. 성전 구석에 서서 긍휼을 구할 뿐이었다. 그리고 예수님에 따르면, 그는 그가 구한 바를 얻었다.

이 이야기의 핵심이 여기에 있다. 성전에 오기 전 그가 자신의 행동을 정결케 했다는 언급은 없다. 이후 행동이 어떻게 변화했는지도 기록되지 않았다. 그는 분명 세리의 모습 그대로 나아왔고 직업의 변화 없이 집으로 돌아갔다. 그러나 놀랍게도 그의 기도는 응답되었다. 하나님은 긍휼을 베푸셨다. 예수님의 말씀을 빌리자면, 그는 "의롭다" 하심을 받고 집으로 돌아갔다.

반역자 세리가 하나님의 의롭다 하심을 받은 것을 상상해보라.

반면, 너무나도 모범적인 삶을 산 나머지 다른 모든 사람을 업신여겼던 바리새인에게는 그와 같은 복이 임하지 않았다. 그의 기도는 무시되었다.

다시 한 번, 말하지만 이 점을 놓치지 마라.

별 표시를 해라. 밑줄을 그어라.

그가 얼마나 도덕적이고 열심이 있는지는 예수님에게 중요하지 않았다. 자신의 의에 대한 오만한 신뢰와 다른 사람들을 업신여기는 습관은 그가 행한 모든 선을 무효화했다. 그의 형편은 몹쓸 세리의 것보다 더 궁색했다.

당신의 목록에는 누가 있는가?

오만에 대해 한 가지 더 발견한 점이 있다. 이것이 근본적으로 사각지대라는 점이다. 우리 중 누구도 자신을 오만하다고 여기는 경우는 절대로 없다. 때때로 교만과 씨름하는 것은 인정해도 자신 안에 만개한 오만을 발견하지는 못한다. 우리는 결코 자신이 다른 사람들을 부당하게 업신여긴다고도 생각하지 않는다. 실제 있는 그대로의 모습을 볼 뿐이라 생각한다. 우리가 업신여기는 사람들이 정말로 우리보다 못하다고 생각하는 것이다.

이러한 함정에 빠지지 않기 위해, 내가 나 스스로에게 정기적으로 묻는 질문이 있는데, 불쾌하거나 경멸, 혐오에 자동 반사적 반응을 보이는 특정 사람이나 그리스도인 무리가 있느냐다. 그렇다고 대답할 경우, 이것은 내가 오만의 길을 향해 내려가고 있다는 초기 경고가 된다.

당신이 스스로에게 물을 수 있는 질문은 다음과 같다. "당신에게도 '하나님이여 제가 저들과 같지 않음으로 인하여 감사합니다'라는 질문에 답할 만한 목록이 있는가? 그렇다면 그 목록에는 누가 있는가?"

만일 당신이 정의와 가난한 자들의 필요, 그리고 고아들을 열정적으로 돕고 있다면, 상대적으로 그렇지 못한 사람들과 싸울 가능성이 크다. 당신은 이들을 무지하고, 이기적이며, 냉담한 이들로 단정 지으려는 유혹을 받을 것이다. 그것에 속아 넘어가지 마라.

만일 당신이 자원을 절약하고, 지구 문제에 관심을 기울이며,

재활용을 하고, 자전거로 출퇴근을 하는 사람이라면, 그렇지 못한 사람들을 업신여기고 싶은 유혹을 느낄 것이다.

만일 당신이 대부분의 시간을 신학에 대해 깊이 묵상하고, 이미 고인이 된 저자들의 책을 읽고, 히브리어와 헬라어로 된 성경을 공부하는 사람이라면, 당신은 성경의 마지막 책을 'Revelations'라고 생각하고, 구약성경의 마지막을 '말라차이'$_{Ma\text{-}la\text{-}chi}$라는 이탈리아 선지자가 기록했다고 생각하는 사람들을 업신여기고 싶은 유혹이 솟구칠 것이다.[2]

성령이 이끄시는, 사명을 받은, 성육신적인, 복음 중심적인, 혹은 기독교의 현재 화두로 자신을 정의하는 사람들도 마찬가지다. 좇아야 할 화두가 있다는 사실조차 모르는 사람들을 업신여기지 않기란 너무 어려운 일이다.

당신이 무엇 때문에 우월감을 느끼는지 나는 모른다. 어떤 부류의 사람들을 업신여기고 싶어하는지도 모른다. 하지만 우리에게는 특정 목록이 있는데, 혹은 최소한 그것을 작성하는 시작 지점이 있다. 그리고 우리는 그 목록이 얼마나 위험한지 잘 알지 못한다. 그대로 방치해둔다면, 이것은 우리가 행한 모든 선을 무효화할 수 있다. 여호와께서 싫어하시는 목록의 일순위로 우리를 올려놓으실 수도 있다.

그러므로 만일 당신에게 그러한 특정 목록이 있다면 파기하라. 서랍 속 어딘가에 치워만 누지 마라. 태워라. 불사르라.

언젠가는 그렇게 한 것을 기쁘게 여길 것이다. 그리고 당신의 주님 또한 그렇게 여기실 것이다.

5장

교만의 불경한 삼위일체
눈 속의 들보, 자기기만, 비교

교만이 우리에게 어떻게 틈타는지를 이해하기 위해, 이것이 삶으로 침투할 때 즐겨 사용하는 세 가지 방법을 인지할 필요가 있다. 이들 각각의 유독성은 혼자의 힘만으로도 큰 파괴력을 지닐 정도로 심각하다. 이들은 한데 어울려 교만의 불경한 삼위일체를 이룬다.

이들의 징후를 살피고 우리의 삶뿐 아니라 하나님과의 동행을 침범한 이들과의 싸움을 인식하는 것을 목적으로 하여, 이제 각각을 살펴보자.

눈 속의 들보

눈 속의 들보라는 질병은 설명하기는 쉽지만 극복하기는 어렵다. 이것은 자신의 눈에 들어 있는 들보는 보지 못하면서 다른 사람의 눈의 티는 잘 찾아내는 우리의 본성과 관련 있다. 이러한 이유 때문에 우리는 우리 자신 안에서는 최선을 보고 기억하는 반면 다른 사람들에게서는 최악을 보고 기억한다.

이것은 아담 덕분이다. 악명 높은 그의 타락 이후, 눈 속의 들보라는 질병은 유행이 되어버렸다. 다른 사람을 판단할 때 따라오는 위험에 대한 예수님의 경고 역시 잘 알려져 있다.[1]

얼마 전 나는 눈 속의 들보라는 질병의 전형적인 실례를 접했다. 캐롤린 본이라는 한 여성이 자신의 예비 며느릿감인 하이디 위더스에게 보낸 이메일이 인터넷상에서 이슈가 된 적이 있다.

이 편지를 읽어보면 캐롤린 본이 자기 의붓아들의 약혼녀에게서 사회적 결핍들을 얼마나 명쾌하게 찾아내는지를 발견할 수 있다. 반면 자신의 사회적 예의가 부족하다는 것에 대해서는 절대적으로 눈이 멀었다는 사실 역시 알 수 있다. 경악스러운 내용으로 가득 찬 편지였다. 당신의 의견은 어떤지 한번 읽어보라.

하이디,

누군가는 너에게 예의범절에 대해 설명해주어야 할 때라는 생각이들었다. 나는 네가 지나치게 예의 없음이 무척 안타깝다. 불행하게도 프레디는 너와 사랑에 빠졌고 프레디의 성격상, 내가 그 아이와 이러한 이야기를 나눈다거나 어떻게 하는 것이 너를 돕는 것인지를 생각해보라고 권하는 것 자체가 쉽지 않을 것이다. 따라서 내가 너에게 직접 이야기해야 한다고 생각했다. 네가 내 이야기를 잘 알아들었으면 좋겠구나.

본 가문의 식구들에게 인정받기를 원한다면 나는 네가 하루빨리 전문가들의 조언을 받기를 바란다. 이 주변에는 예비 신부 학교들도 많지 않니. 제발, 너 자신과 프레디를 위해, 또 네가 앞으로 우리 본 가문과 잘 어울릴 수 있도록 가능한 한 빨리 뭐라도 하거라.

네가 얼마나 예의범절이 부족한지 몇 가지 예를 들어주마.

* 다른 집에 손님으로 있을 때—무언가에 확실한 알레르기가 있지 않은 이상—네가 무엇은 먹고 무엇은 먹지 않을지에 대해 말해서는 안 된다. 음식이 모자라다는 말도 해서는 안 된다. 다른 사람들보다 먼저 식사를 시작해서도 안 된다. 그 집의 주인이 권하지 않았는데 조금 더 많이 먹어서도 안 된다.
* 아침 일찍 일어나는 집에 머물 때에는, 늦은 시간까지 침대에 누워 있어서는 안 된다. 그 집의 전례를 따라라.
* 언제나 그래야 하지만 특별히 공공장소에서는 곧 식구가 될 사람들을 절대 모욕해서는 안 된다. 네가 농담이었다는 것은 알지만 그날 술집에서의 반응은 재미가 아닌 충격이었다.
* 너는 내게 감사 편지를 보냈어야 했다. 우리 집에 머물고 난 후

너는 내게 한 번도 감사 편지를 쓴 적이 없다.
* 너는 언제나 너 자신에게 주의를 집중시킨다. 그 이유는 너 자신에게 물어보렴.
* 공주가 아닌 이상 궁궐에서 결혼식을 올리는 사람은 없다. 이것은 지나치게 야단스러운 연예인 같은 행동이다.

너희 부모님이 네 결혼 비용에 큰 도움을 주실 수 없는 것은 이해한다. (상식적으로야 누구나 자기 딸 결혼식을 위해 수년 동안 돈을 모아왔으리라고 기대할 수 있겠지만 이것은 큰 문제가 아니다.) 다만 이런 경우에는, 눈을 낮추고 수입에 걸맞은 소박한 결혼식을 계획하는 것이 너에게는 가장 숙녀답고 품위 있는 행동일 것이다.[2]

아이쿠!

캐롤린 본이 지옥에서 온 미래의 시어머니라는 별명을 얻게 된 것은 당연하다.

그녀의 몇몇 비평이 타당하다는 데는 이견이 없다. 예의를 중시하는 영국 사회에서 삼가야 할 행동들이 분명 있다. 하이디가 영국의 상류층 가정에 어울리는 행동 규범을 습득하기 위해서는 이해해야 할 몇 가지가 분명 있었다.

물론 캐롤린 본은 장래의 며느릿감이 어기고 있다고 비난한 모든 사회적 의례들을 분별력 있게 살폈을 것이다. 하지만 내가 의아해했던 점은 그녀 자신은 영국 사회에서 일반적인 다른 규범들을 전혀 고려하지 않고 있다는 것이다. 예를 들어 말을 삼가는 것이나 친절을 가장하는 것, 게다가 자신도 그 가정에 들어온 지 얼마 되지 않았으면서 29살의 양며느리를 얻으며 어머니 역할을 자청해서는 안 된다는 것 말이다.

타블로이드판 신문이 들추어낸 세 번의 결혼과 자신보다 훨씬 나이 많은 남성의 집에 입주해서 일했던 일, 그리고 혼외출산(그녀는 이것을 "화려한 과거"로 묘사했다)[3]이 이메일의 보내기 버튼을 누르기 전에 생각나지 않았을까 하는 의문이 들기도 했다.

이것이 눈 속의 들보라는 질병이 일하는 방식이다. 다른 사람들의 죄와 결점은 세세히 기억하게 하는 반면 우리 자신의 결점은 쉽게 무시한다.

내가 이 이야기를 하는 것은 깐깐한 상류층 영국인을 비난하기 위함이 아니다. 불쌍한 본 여사는 이메일이 유포되면서 충분한 경멸과 비탄을 이미 받았다. 이 이야기를 나눈 목적은 이것이 우리 눈 속의 들보라는 질병의 실제적이고 전형적인 예가 되기 때문이다. 극단적인 경우이기는 하지만, 우리에게는 이렇게 다른 사람의 실수는 잘 찾아서 비난하는 반면 자신의 허다한 죄는 망각하는 동일한 경향이 있다.

자기기만

영적 점수를 매길 때, 우리는 대개 부정행위를 저지른다. 내가 말하는 부정행위는 고의적인 것이 아니다. 야구를 할 때 코르크로 만든 배트를 사용한다든지 에이스를 몰래 숨겨둔다든지 하는 것과는 다르다. 자신이 부정행위를 하고 있다는 것도 모르고 저지르는 부정행위다. 이것은 자기기만이라는 교묘한 부정으로 교만의 불경한 삼위일체의 두 번째 요소다.

이제 인정하자. 우리는 스스로를 실제보다 다소 과장해서 좋게 생각하는 경향이 있다. 이것이 의심된다면, 오디션 프로그램의 음치 참가자들과 '도대체 무슨 생각을 하고 있었던 거니' 하고 묻고 싶어지는 인터넷상의 수많은 영상들을 떠올려보라. 이들은 인간에게 자기기만과 (망상이 아니라면) 희망적인 생각을 하게 하는 특성이 있다는 강력한 증거들이다.

자기기만과는 정반대의 형태를 가진 사람들도 있다. 이들은 스스로에게 지나치게 모질게 군다. 이들에게는 만성적이고 병적인 자기혐오가 있다. 하지만 우리 대부분은 여기에 해당하지 않는다. 자존감의 문제와 씨름할 때에도, 우리는 스스로에게 믿기 어려울 정도로 높은 기대를 가진다.

내 말을 믿지 못하겠다면, 작은 테스트를 시도해볼 수 있다.

어떤 모임이든 다음의 목록을 제시해보라. 다음의 간단한 질문을 통해, 각 영역에서 자기 자신을 평가해보도록 요청하라. "당신은 다음의 영역에서 평균 이상입니까, 이하입니까?"

- 다른 사람들과 어울리는 능력
- 정직성
- 근면성

- 기초 지능
- 도덕성

당신이 얻게 될 결과는 다음과 같다. 100퍼센트의 사람들이 **모든 영역에서 자신을 평균 이상이라 평가할 것이다.**

나는 그것을 어떻게 알까?

많이 해보았기 때문이다. 모임의 규모가 크든 작든 그것은 중요하지 않다. 결과는 늘 동일하다. 내가 어떠한 특성에 대해 묻든 그것에도 상관없이 사람들은 자기 자신을 전체 등급의 상위권에 올려놓는다. 꼭 상위권이어야 할 필요는 없지만 늘 상위 절반에는 포함된다.

조금 이상하다는 생각이 들지 않는가?

내가 초등학교 3학년 수학 점수를 제대로 기억하고 있다면, 우리 중 절반은 당연히 평균 이하에 속해야 한다. 모든 사람이 칭찬 스티커와 트로피를 받는 세대에서는 받아들이기 어려운 사실이다. 그러나 이것이 사실이다. 이것은 초등학교 수학이다.

진짜 문제는 다음에 있다. 인생의 중요한 몇몇 영역에서 우리가 평균 이하라는 사실을 인정하지 못하는 것이 아니라, 그것을 전혀 믿지 않는다는 것이 문제다. 마치 큰 도시에서 자신을 기다리는 경쟁 상대를 전혀 가늠하지 못하는 시골의 운동선수나 자신을 세계적인 수학 천재로 착각하는 어린 학생들처럼 말이다. 우리는 정말로 우리 자신이 중요한 모든 사안의 최고이거나 최고에 근접해 있다고 생각한다.[4]

우리가 다른 이들을 쉬이 업신여기는 것은 너무나 당연한 일이다. 자기기만을 향한 우리의 본능은 우리 자신이 중요한 모든 사안의 상위 백분위에 속한다고 생각하게 한다. 그리고 그러한 관점에서 볼 때, 아주 조금 (혹은 많이) 오만해지지 않기란 어려운 일이다.

비교

이제 교만의 불경한 삼위일체 중 마지막 요소가 남았다. 이전 장에서 살펴본 우리를 비교하도록 다그치는 욕구다.

다시 한 번 말하지만 비교 자체가 나쁜 것은 아니다. 오히려 이것은 자연스러운 반응이다. 세상을 이해하기 위해서는 어느 정도는 비교할 필요가 있다. 비교가 없이는, 무엇을 평가하거나 발전시킬 수 없다. 어떤 식당이 최고인지, 또 어떤 책을 사고 어떤 책을 서점 책장에 그대로 꽂아두어야 할지도 알 수 없다. 어떤 학생이 목표를 향해 전진하고 있는지, 아니면 뒤처지기 시작했는지 알 수 있는 방법도 없다.

그러나 **영적** 비교의 문제는 우리가 사람의 마음을 읽지 못한다는 데 있다. 우리는 어떤 일의 드러나지 않은 면을 모른다. 어떤 사람이 이제껏 큰 진보를 이루어왔는지 아니면 전혀 성장하지 못했는지 알지 못한다. 하나님이 보이지 않는 곳에서 이루신 일과 앞으로 그를 위해 가지고 계신 계획도 알 수 없다.

우리 중 누구도 신성모독 행위를 자행하던 사울을 미래의 사도 바울로 지목하지는 못했을 것이다.

라이언과 코너를 예로 들어보자. (이들은 나의 지인들로 사생활 보호를 위해 이들의 이름—그리고 이들에 관한 몇 가지 중요 사항들—은 바꿨다.)

라이언이 갈등을 대처하는 능력은 놀라울 만큼 훌륭하다. 그는 절대로 화를 내지 않는다. 그는 상대와의 공통점을 찾는다. 그러고는 즉시 모두에게 유리한 해결책을 향해 움직인다.

코너는 성급한 사람이다. 갈등은 그의 최악의 모습을 이끌어낸다. 그는 상대의 급소를 찌른다. 나중에 후회할 말을 내뱉는 경우도 많다.

표면적인 모습만 보면, 하나님은 분명 코너보다는 라이언의 반응을 더 기뻐하실 듯하다. 하지만 이야기는 여기서 끝나지 않는다. 라이언의 침착한 대응은 그가 가진 근본 기질의 일부분이다. 그는 태어날 때부터 그런 사람이었다. 그리스도인이 되기 훨씬 전부터도, 그는 중재자였다. 사실 라이언은 그리스도께로 나아온 이후에도 그다지 크게 변화되지 않았다. 과거에나 지금이나 비교적 똑같은 모습이다.

반면, 코너는 늑대들의 손에서 자란 바와 다름 없다. 그의 가정환경은 내가 아는 것들 중에서도 가장 최악이다. 술에 취한 격분, 번쩍이는 칼, 그리고 간헐적인 총성이 그의 집에서는 거의 매일 계속됐다. 그는 옆에 있는 사람보다 강해지는 것으로 생존하는 법을 터득해왔다.

매우 모범적이지 못한 현재 코너의 갈등 대처 방법은 내가 그를 처음 만났을 때와 비교하면 몇 광년을 앞서 있다. 그는 아주 많이 성장했다. 앞으로 좀 더 성장해야겠지만 말이다.

하나님은 누구를 더욱 기뻐하실까? 라이언과 (비록 그리스도께 나아온 이후 그다지 성장하지는 않았지만) 그의 성숙하고 성경적인 반응일까, 아니면 코너와 몇 년 전의 모습에 비해 엄청난 발전을 이루었으나 여전히 성급한 그의 반응일까?

전체적인 이야기를 모르는 상태에서 둘을 비교했다면 나는 언제나 라이언을 골랐을 것이다. 비교가 너무나도 어리석은 이유가 여기에 있다. 우리는 절대 모든 사실을 감안할 수 없다. 사실 아직 가야 할 길이 멀다고는 해도, 영적 성장의 전형적인 인물은 코너다.

라이언에게도 내게도 불안한 상황과 분투하는 코너를 업신여길 권리가 없다. 코너의 삶에 대해 말을 건네고, 그의 죄를 지적하고, 책임을 물을 수는 있다. 그러나 그를 업신여긴다면 우리는 너무나 어리석은 사람들이다. 그는 우리 중 누구보다도 먼 길을 달려왔다.

우리가 비교하는 것이 어떠한 영역이든, 즉 영적 훈련에 대한 헌신이나 재정적 희생, 신학적 성숙, 지역 사회에의 참여, 전도에 대한 열의 등 영성을 평가하기 위해 우리가 선택하는 것이 무엇이든 다른 사람들을 업신여기는 것을 정당화하기에는 우리가 모르는 것이 너무나도 많다.

우리는 하나님이 보시는 것을 볼 수 없고, 바로 그러한 이유로 하나님께서는 판단은 자신에게 맡기라 명하신 것이다.

6장

교만을 극복하라
성경의 올바른 사용과 순종에 대한 올바른 이해

영적 성숙에 있어서 성경과 순종의 관계는 빵과 버터와 같다. 그러나 내가 만났던 성경을 믿는 많은 그리스도인이 성경을 오용했고 그것은 의로움보다는 교만을 생산해낸다. 순종도 마찬가지다. 내가 아는 가장 철저히 순종하는 사람들이 대개는 가장 교만하다.

도대체 어떻게 이러한 일이 일어나는 걸까? 어떻게 성경과 순종이 제자가 아닌 바리새인을 길러낸다는 걸까?

이것은 우리가 성경을 **어떻게 사용하고** 우리의 순종을 **어떻게 해석하는지와** 관련이 있다. 설명해보자.

성경의 올바른 사용

성경은 마치 거울과 같이 사용되어야 한다. 성경은 하나님이 어떤 분이신지, 그분이 무엇을 원하시는지, 그리고 우리가 그것에 어떻게 부응할지를 보여주기 위한 도구다. 그것을 집중하여 응시하고 그것이 요구하는 변화를 이룰 때, 의와 축복이 임하는 것이다.[1]

하지만 우리 중 일부는 다른 목적을 위해 이것을 사용한다. 성경을 망원경으로 사용하거나, 자신의 지적 기량을 뽐내기 위한 소품으로 치부하고, 혹은 추측하기 위한 도약판으로 둔갑시킨다. 이것들 중 무엇도 의를 생산해내지 못한다. 교만을 양성할 뿐이다.

망원경으로서의 성경

성경을 망원경으로 사용하고자 하는 유혹은 언제나 있다. 다른 사람의 잘못을 망원경을 통해 자세히 보는 일은 유쾌하다. 거울을 통해 보이는 자신의 추악한 모습들을 상대하는 것보다 훨씬 덜 위협적이다.

전국적으로 아주 유명한 한 지도자의 강연을 들을 기회가 있었는데 그는 성경을 야외 휴대용 망원경으로 사용하는 데 전문가였다. 우리는 컨퍼런스에서 함께 강연을 하고 있었다. 그는 강연을 통해, 미국 교회가 (그리고 그리스도인들 대부분이) 하나님 앞에 불충분하다고 냉혹하고 열띤 비판을 제기했다. 거의 모든 그리스도인들을 강도 높게 비난한 것이다. 비록 그의 어투는 부적절했지만,

그의 우려 중 다수는 타당했다.

하지만 잠시 후 개인적으로 나눈 대화에서, 그는 내게 자신의 결혼생활이 파탄 직전에 이르렀음을 털어놓았다. 그의 아내는 남편을 지나치게 비판적이고, 냉정하고, 냉담하고, 권위적이라 느껴 이미 마음의 문을 닫아버린 상태였다.

나는 결혼생활의 우선순위에 대한 몇몇 중요한 성경 구절들을 짚어주면서 미국 교회의 문제들을 걱정하기보다, 여행 일정을 줄이고, 결혼생활을 회복하는 데 집중할 것을 권면했다. 그는 내가 마치 화성에서 온 사람인 것처럼 나를 쳐다보았다. 내가 오늘날 교회가 처한 상황의 심각성을 전혀 이해하지 못하는, 즉 분별력 없고 다가올 위험을 직시하지 않으려는 사람인 양 내 말을 무시했다.

나는 어떻게 반응해야 할지 난감했다. 그는 분명 성경이라는 거울이 자신의 결혼생활에 대하여 드러낸 문제에는 전혀 관심이 없었다. 자신이 동의하지 않는 모든 교회와 목회자들이 저지르는 중대한 잘못에 집중하는 것을 훨씬 더 편안해했다. 그는 성경을 강력한 망원경으로 둔갑시켰고, 자신의 결혼생활을 엉망진창으로 만들었다.

소품으로서의 성경

성경을 거울로 들여다보는 것을 회피하는 또 다른 방법은 그것을 소품으로 사용하는 것이다. 변화되기 위해 노력해야 할 것을 찾으려고 성경을 자세히 들여다보는 게 아니라, 자신의 지적 기량과 신학적 통찰력, 우월한 지식을 뽐내기 위해 이용하는 것이다.

성경적 지식과 올바른 신학은 우리 시대에 아주 귀중한 자산이다. 바른 생각은 바른 삶을 낳고, 악한 생각은 악한 삶을 낳는다. 그러나 성경적 지식이 귀중한 만큼, 나는 이것에 꼭 경고문을 붙여야 한다고 생각한다. 사실, 우리는 더 많이 알면 알수록 우리보다 모르는 사람들을 업신여길 유혹이 커지기 때문이다.[2]

교리가 중요하지 않다는 말은 아니다. 이단은 실제로 존재한다. 이것은 밝혀져야 한다. 어떤 가르침은 우리를 그리스도에게서 끊어낼 만큼 진리에서 완전히 벗어난 것일 수 있다. 갈라디아 교회에 보낸 바울의 편지가 좋은 예다. 바울은 완곡하게 말하지 않았다. 그는 거짓 가르침을 정면으로 공격했다.[3]

그러나 솔직하게 말해보자. 우리가 논쟁을 벌이는 (박식한 것을 자랑하는) 성경적·교리적 요점들은 구원의 문제가 아니다. 중요한 문제이기는 하지만, 본질적이지는 않다. 저주받아야 할 이단도 아니다. 악의 없는 이들이 대단히 길고 복잡한 책을 읽고 몇 가지 내용을 오해해서 잘못된 해석을 했을 뿐이다.

성경을 소품으로 사용할 때, 모든 쟁점과 교리적 불일치는 일촉즉발의 지점이 되거나, 우리의 우월한 지식과 이해력을 자랑할 수 있는 기회, 그리고 우리를 타인과 구별하는 수단이 된다. 우리는 천국의 입학시험이 OMR 카드를 표시하는 것이 아니라 혈액검사라는 사실을 잊곤 한다. 성경의 모든 신비를 온전하고 완전하게 이해한다 하더라도 교만하거나 사랑이 부족하면, 우리가 가

진 지식은 무효화된다는 사실을 곧잘 잊어버린다.[4]

도약판으로서의 성경

말씀의 거울을 통해 자기 자신을 들여다보는 불편을 회피하는 또 다른 방법은 성경을 추측을 위한 도약판으로 둔갑시키는 것이다.

예를 들어, 처음 그리스도인이 되었을 때, 나는 성경이 하나님과 죄, 은혜, 그리고 내가 어떻게 살아야 할지에 대해 말하는 바를 발견하는 것이 즐거웠다.

하지만 어떻게 살아야 할지에 대한 나의 호기심은 곧, 덜 위협적인 것으로 대체되었다. 나는 적그리스도가 누구일지, 요나를 삼킨 물고기는 어떤 종류였는지, 엠마오로 가던 제자들은 왜 예수님을 알아보지 못했는지, 그리고 하나님은 왜 욥의 삶을 엉망으로 만들려는 마귀를 그냥 내버려두셨는지가 알고 싶어졌다.

성경은 이 질문들 중 어느 것에도 답하지 않았다. 그러나 정답을 알고 있다고 주장하는 수많은 선생과 책, 팟캐스트들을 찾을 수 있었다. 이들의 이론과 추측은 내게 지적 활력과 곰곰이 사고하는 즐거움을 안겨주었다. 한동안 나는 이것들에 몰두해 있었다. 나는 성경에서 대답할 수 없는 모든 질문에 대해 전문가라 자부했다.

그러나 나는 속고 있었다.

성경은 수많은 질문에 답하지 않는다. 하나님과 우주 혹은 보이지 않는 영역에 대한 나의 궁금증에 답하기 위해 성경이 쓰인 것은 아니다. 다만 내가 이해할 수 없고, 중요하지 않거나, 혹은 상관할 수 없는 일들이 있을 뿐이다.[5]

대답이 없는 질문에 답하고, 성경의 모든 모순을 풀고, 하나님이 자신의 말씀에 분명히 표현해두지 않으신 것을 설명하겠노라 주장하는 복잡한 신학 구조들을 파헤치느라 시간을 쏟고 정력을 낭비하면 할수록 나는 더더욱 하나님이 내게 말씀하시는 것을 놓치고 있었다. 그리고 나는 경건해지기는커녕 더더욱 교만해져 갔다.

순종에 대한 올바른 이해

성경을 올바르게 사용하는 것이 중요한 것처럼, 순종을 올바르게 이해하는 일도 매우 중요하다.

여러 해 동안 나는 순종의 역할을 오해해왔다. 나는 순종하면 당연히 칭송받아야 한다고 생각했다. 정성을 다해 순종할 때, 하나님으로부터 은혜를 입고 그것에 합당한 상급을 얻는다 생각한 것이다.

성경은 분명히 순종에 대한 상급을 가르친다. 하지만 동시에 자신의 순종을 자랑스럽게 여기는 것의 어리석음에 대해서도 경고한다. 누가복음 17:7-10이 그 예다. 그 본문을 처음 읽었던 때가 기억난다. 나의 내면에는 평지풍파가 일었다.

이 구절에서, 예수님은 종이 순종하는 것은 특별한 일이 아니라 말씀하신다. 다시 한 번 반복하자. 놓쳐버리기에는 너무나도 중요한 사실이다. **종이 순종하는 것은 특별한 일이 아니다.** 종은 다만 자신의 소임을 다할 뿐이다. 그가 자신의 일을 마치고 밭에서 돌아왔을 때, 그의 주인은 기뻐 뛰지 않았다. 살진 송아지를 잡거나 종을 대접하는 잔치를 열지도 않았다. 점잖게 감사를 표하고 그에게 해야 할 다른 일을 맡겼을 뿐이다.

예수님의 분명한 말씀을 옮기면 다음과 같다. "이와 같이 너희도 명령 받은 것을 **다** 행한 후에 이르기를 '우리는 무익한 종이라, 우리가 하여야 할 일을 한 것뿐이라 할지니라'"(10절, 저자의 강조).

아하! 이 말씀은 분명 순종을 다른 각도에서 보게 한다. 마치 특별한 일을 행하기라도 한 듯 교만하거나 다른 사람들을 업신여길 여지를 남겨두지 않는다.

순종은 불순종보다 훨씬 낫다. 하지만 순종을 영적으로 교만하게 하는 요인으로 둔갑시킨다면, 이것은 마치 내 아이들 중 하나가 시험에서 컨닝을 하지 않고, 학교에서 싸우지도 않았으며, 다른 사람의 돈을 훔치지도 않았으니, 아이스크림이나 새 자전거를 사달라 요구하는 것만큼이나 우스운 일이다.

내가 순종한다고, 하나님이 천사들과 가슴을 맞부딪치며 자축하시는 것은 아니다. 나의 순종이 다른 이들의 순종을 앞서더라도, 거들먹거리며 걸을 수 있을 정도로 대단한 일을 행한 것은 아니란 얘기다.

그렇다면 왜 우리 중 그토록 많은 이들이 뛰어난 순종을 드리고 교만해지는 것일까?

이것은 우리가 하나님의 명령을 오해했기 때문이다. 우리는 하나님의 명령을 어렵고 부담스럽게만 생각한다. 대가를 치르고, 자기를 부인하고, 모든 것을 버리라는 설교를 듣고 그러한 본문을 읽으며 우리는 하나님의 명령이 참된 제자가 될 수 있는 사람과 그렇지 못한 사람을 분리하기 위해 만들어졌다고 추측한다.

하지만 사실 하나님의 명령은 부담스럽지 않다. 유익하다. 우리는 성령의 능력을 힘 입어 그 명령을 충분히 지킬 수 있다. 하나님은 우리에게 순종할 의지와 능력을 모두 주신다. 따라서 순종은 의무를 뛰어넘는 일이 아니다. 의무일 뿐이다. 하나님은 우리를 영적 네이비실(Navy SEAL, 미 해군 특수부대—옮긴이)로 만들지도 않으신다. 예수님을 사랑하는 데서 오는 자연스러운 부산물이 순종이다. 순종은 다름 아닌 제자 됨의 정의다.[6]

이것을 깨닫는 순간, 교만하며 뽐내고 싶은 유혹은 사라진다. 여전히 분투 중인 사람들을 업신여기는 성향도 완화된다. 자신이 특별한 일을 행하지 않았다는 사실을 깨달을 때, 자랑할 것은 아무것도 없다.

이미 살펴보았듯이 하나님은 교만을 싫어하신다. 이것은 "여호와께서 싫어하시는 목록"의 일순위에 해당된다. 하지만 어떤 이유에서인지 우리 중 많은 사람들이 자기 자신은 칭찬하고 다른 사람들은 업신여기는 경향이 많은데, 특별히 자신이 예수님을 따르는 행렬의 선두에 섰다고 생각할 때 더욱 그렇다.

그러나 실상, 교만과 다른 사람들을 업신여기는 마음은 결국 모든 것을 파괴한다. 이것은 마치 죽음에 이를 때까지 번식하는 암과 같다. 주님을 기쁘시게 하고, "잘하였도다 착하고 충성된 종아" 하시는 그분의 말씀을 듣기 원한다면, 우리는 그것을 거울 속에서 발견하고 무슨 수를 써서라도 즉시 제거해야 한다.

    그렇지 않으면 우리는 바리새인이 될 것이다. 아마 우연이겠지만, 그렇더라도 바리새인이다.

2부를 위한 토의 질문

교만

1. 이미 살펴보았듯이 우리의 영적 비교는 영적으로 위험할 수 있다. 자기 자신을 다른 사람들과 비교할 때 찾아올 수 있는 모든 불이익과 위험을 생각나는 대로 나열해보라.

2. 비교하지 않기란 불가능까지는 아니더라도 어려운 일이다. 이것은 자연스럽고 거의 무의식적인 현상이다.
   a. 삶의 어떠한 영역에서 당신은 자신을 다른 사람들과 가장 쉽게 비교하는가?
   b. 비교할 때 당신은 당신 삶의 영역에서 당신이 부응하지 못하는 영역과 발군하는 영역 중 어디에 초점을 맞추는가? 그 이유는 무엇이라 생각하는가?

3. 만일 정말로 우리 모두에게 자연스레 업신여기게 되는 목록의 사람들이 있다면, 당신의 개인적인 목록 중 "저들과 같이 아니함이 기쁘지 아니한가"에는 어떠한 종류의 사람들이 올라와 있는가? 당신의 이러한 목록에 대해 예수님은 무어라 말씀하실 것 같은가?

4. "'눈 속의 들보라는 질병'을 예방하려면 어떻게 해야 할까요?" 하고 묻는 사람에게 당신은 어떻게 조언하겠는가? 구체적으로 어떠

한 단계를 제안하겠는가?

5. 대부분의 사람은 성경을 거울이나 망원경 중 무엇으로 사용하는 경향이 있는가? 당신은 어느 쪽에 더 가까운가? 그 이유는 무엇인가?

6. 2부에서 당신을 위해 예비되었다고 느낀 단 하나의 통찰을 골라낸다면 그것은 무엇인가? 그 이유는 무엇인가? 그것에 어떻게 반응하고자 하는가?

3부

배타성
하나님 나라를 확장하는 것보다 사람들을 걸러내는 것이 중요해질 때

Accidental Pharisees

7장

배타성

하찮은 이들을 들여놓지 않기 위해 높아진 빗장

●

몇 년 전 내가 목회하고 있는 교회에서 예배 시간에 앉을 자리가 점점 모자르게 되었고, 우리는 기존 주일 예배에 토요일 저녁 예배를 추가하기로 결정했다. 건물을 더 짓지 않기 위해서였다. 주일에도 불가피하게 일을 해야 하는 사람들을 배려할 수 있는 좋은 기회가 될 거라 생각했다.

새로운 예배에 대한 광고가 나가고 며칠 후, 나는 한 성도로부터 편지를 받았다. 그는 우리 교회가 사람들이 예배에 나오는 것을 너무 쉽게 만들고 있다는 사실을 언짢아했다. 하나님은 당연히 주일 하루를 통째로 받으신다고 생각했다. 그는 이미 주일 이른 아침 예배에도, 즉 사람들이 예배를 일찍 마치고 남은 시간을 자신을 위해 산다는 사실에도 짜증이 나 있던 참이었다.

그의 생각에, 하나님이 받으셔야 마땅한 주일 전부를 확실히 올려드릴 최선의 방법은 주일 예배를 전통적인 11시에 시작하는 것이었다. 우리가 사람들의 교회 출석을 더욱 편리하게 만든다는 사실이 이 성도를 비탄에 잠기게 했다. 그는 우리 교회가 원칙을 버리고 있다고 생각했다. 꽉 찬 주차장과 불편한 의자, 따라서 좋은 자리에서 예배드리려면 교회에 일찍 나와야 하는 구조가, 사람들을 걸러내고 알곡과 쭉정이를 분리하는 탁월한 방법이라 믿는 것이다.

그가 성경에서 가장 좋아하는 부분은 좁은 문과 청함 받은 자는 많되 택함 입은 자는 적다는 구절이었다. 또한 그는 주일 예배 시간을 지키기 위해 불가피한 생활방식이나 재정적인 손해를 감당할 의지가 없는 사람들은 참된 그리스도인이 아니라고 생각했다. 이런 사람들의 바쁜 일정을 배려해주는 것은, 영적 자신감을 가져서는 안 되는 사람들에게 거짓 영적 자신감을 안겨주는 것이었다. 그는 헌신이라는 비싼 대가를 치를 의지가 없는 사람들에게는 구원이 마땅치 않다고 생각했다.

편지를 읽으며 나는 웃지 않을 수 없었다. 하지만 한편으로는 울고 싶었다.

그는 전통적이라 여기는 오전 11시 예배에 숨겨진 원래의 이유를 모르고 있었고 때문에 나는 그의 편지가 너무 재미있었다. 이것은 주일 시간의 대부분을 하나님께 드리기 위한 목적이 아니다. 11시 예배는 교회에 오기 전 우유를 짜야 했던 시골 문화의 잔재였다. 예배 시작 시간을 결정하기에 소비자주의적이고 다소

적응주의적인 방법이라 생각되지 않는가?

그러나 그는 우리 교회의 오랜 성도였고 그 때문에 나는 울고 싶어졌다. 그의 수첩에는 각종 설교의 요약들로 가득했다. 그런데도 그는 여전히 성경적인 의미의 은혜와 긍휼을 이해하지 못하고 있었다. 이들이 자연스레 얻어진다고 생각한 것이다.

내가 성경 교사로서 실패한 것은 분명했다.

예수님을 따르는 데 대한 대가가 전혀 없다는 말이 아니다. 분명히 대가는 있다. 참된 믿음은 늘 우리의 행동과 가치, 우선순위에서 중요한 변화를 만들어낸다. 성숙한 성도라면 그것이 얼마나 불편하든 공적 예배를 최우선으로 올려놓을 것이다.

하지만 이것이 그의 핵심은 아니었다. 그의 우려는 성숙한 그리스도인에 대해서가 아니었다. 그는 아직 그리스도인이 아니거나, 새신자, 혹은 미성숙하거나, 분투하는 그리스도인들을 배려한답시고, 우리가 예배 참여를 너무 쉽게 만드는 것에 대해 염려했다. 온전히 헌신되지 못한 사람들을 교회 안에 들이고 싶지 않은 것이었다. 그는 그것이 교회를 성결하게 한다고 생각했다.

그는 또한 자신이 예수님의 일을 하고 있다고 생각했다. 하지만 전혀 그렇지 않았다. 그는 바리새인의 일을 하고 있었다. 물론 의도한 바는 아니었지만.

하찮은 이들을 들여놓지 않기

사람들을 걸러낸다는 이와 같은 생각은 오늘날 우리가 사는 세계에 만연해 있다. 어디에서든, 참된 그리스도인이 된다는 의미를 재정의함으로써 빗장을 높이는 (그 높이를 유지하는 것에 자부심을 느끼는) 선한 의도의 강사와 저자들, 그리고 다른 사람들보다 더 많이 헌신된 그리스도인들을 발견할 수 있다.

이들의 가르침에 따르면 참된 그리스도인은 언제나 더 어려운 길을 선택하고 거기에 덧붙여 특별한 책임을 부여하는 사람이다. 이들은 더 많은 희생, 더 깊은 연구, 더 열정적인 전도를 비롯하여, 아이들을 가르치고, 입양하고, 우물을 파고, 성매매를 금지시키고, 좀 더 소박하게 사는 등 자신이 생각하는 참된 제자도를 증명할 것을 요구한다. 이들이 불러오는 죄의식은 온 무리를 압도하고도 남는다.

"무엇이 잘못되었다는 걸까?" 하고 의문을 품을 수도 있다. 이것이 철저히 헌신된 기독교를 위한 비법처럼 들리는 까닭이다. 하지만 그렇지 않다. 이것은 중요한 재료들이 많이 빠진 레시피와 같다. 좋아하는 구절 몇 개와 예수님의 가르침은 강조하는 반면 신약성경의 나머지 대부분은 간과하고 있다. 이것은 제자도를 갖추기 위한 비결이 아니다. 바리새주의를 위한 비결이다.

바리새인 종족들을 만들고자 **의도적으로** 애쓰는 사람이 있다는 말은 아니다. 대부분의 경우, 더욱 철저하고 활동적인 믿음을 주장하는 사람들의 의도는 최선의 것이다. 이들은 우리 교회와 성도들이 자신의 영적 잠재력을 온전히 실현하기를 원한다. 우리가 평범함에 만족하지 않기를 원한다.

하지만 평범함에 만족하는 것보다 더 나쁜 것이 있다. 배타성이다. 이것은 제자도의 정도와 빗장을 높여 가장 헌신된 이들을 제외한 모든 이에게 자격을 부여하지 않겠다는, 따라서 예수님이 확장하시기 위해 오신 무리를 축소시키려는 유혹이다.

비현실적인 기대

내가 이러한 양식을 너무나도 잘 아는 이유는 직접 경험해보았기 때문이다. 그것을 증명해줄 기념 티셔츠도 있다. 나도 한때는 빗장을 높이는 목사였다. 나는 내가 예수님을 돕고 있다고 확신했다. 그분이 나를 특별히 기뻐하신다고도 생각했다. 그러나 내 생각은 틀렸다. 그것은 대단히 잘못됐다.

모든 그리스도인이 슈퍼스타급 제자(즉 철저하고, 열정적이며, 리더이자, 성경학자, 복음전도자, 또한 굶주린 사람들을 먹이고, 사심 없이 관대함을 실천하고, 해외로까지 영향을 끼치는 사람)가 되어야만 한다는 나의 기대는 비현실적이고 비성경적이었다.

내 신학에 조용히 자기에게 맡겨진 일을 하고, 너의 손으로 일하기를 힘쓰라던 바울의 경고를 위한 여지는 없었다.[1] 내게 이러한 구절들은 납득이 되지 않았다. 나약한 그리스도인, 즉 내 설교에 반대되고 내가 업신여겨온 부류의 사람을 묘사하는 것처럼 들렸다. 따라서 나는 이러한 구절들을 마음에서 거두고 마귀의 궁둥이를 걷어차며 천국을 전파하는 내가 생각하는 전투적 그리스도인의 모습에 더욱 잘 부합하는 구절들에 집중했다.

하지만 결과는 천국 전파(즉 하나님 나라 확장)가 아니었다. 걷잡을 수 없는 죄의식이 무거운 짐처럼 몰려왔다. 당신도 알다시피, 무엇을 하든 사람이 하는 것은 결코 완전하지 않다. 우리가 예수님을 정말로 사랑하고 그가 우리를 부르신 모든 것이 되기를 원한다면 언제나 할 일은 더 있다.

바보 같은 전략

많은 동료 목회자들과 마찬가지로, 나는 성도들의 영적 성숙을 돕기 위한 최선의 방법이 가능한 한 그들을 많이 괴롭히는 것이라 생각했다. 성장을 돕는다는 핑계로 갈수록 더 무거운 짐을 그들에게 지웠다. 그것을 통해 연약한 자들이 강해진다고 생각했다.

영적 성숙을 위한 탐구는 양파와 비디오 게임과 같았다.

죄는, 양파와 같았다. 벗겨내고 또 벗겨내도 벗겨내야 할 껍질은 언제나 더 있다. 무언가에 대해 심각한 죄의식을 느끼고 있지 않다면, 성령의 음성을 듣고 있지 않은 것이 분명했다. 나는 기독교 서적과 설교에 대한 평가 기준을 내 기분을 얼마나 상하게 하느냐로 정했다. 내 기분을 많이 상하게 할수록 훌륭한 설교라 평가했다. 어렵고 도전적일수록 신실한 메시지였다.

성장은 비디오 게임과도 같았다. 게임을 하면 할수록 달성해야 할 더 높은 단계는 언제나 있다. 사람들이 얼마의 성장을 이루었든, 또 거기에 이르기까지 얼마의 희생을 치렀든, 주님을 온전히 기쁘시게 하기 위해 도달해야만 하는 더 높은 단계는 언제나 존재했다.

보다 심각했던 것은 내가 지쳐가는 이들을 책망했다는 점이다. 나는 그들을 다그쳐 더욱 열심히 일하게 하고, 더욱 오래 기도하게 하고, 더욱 많이 공부하게 했다. 잠시 쉬거나 옆으로 잠깐 물러난다는 것은 대안이 될 수 없었다. 마귀도 쉬지 않는데 우리가 왜 쉬겠는가?

내 제자훈련의 신조는 단순했다. 고통 없이는 아무것도 얻을 수 없다. 쉼이나 가벼운 짐, 혹은 더 평탄한 길을 원했다면 잘못 찾아온 것이다. 나는 예수님이 이러한 것들을 주신다고 생각하지 않았다. 대신 짊어져야 할 십자가와 자기 부인, 그리고 기꺼이 대가를 치르고 끝까지 버티려는 신실한 소수에 대한 영원한 상급을 약속하셨을 뿐이다.

나는 그렇게 생각했었다.

이미 살펴보았듯 실상은 성경을 조금만 더 자세히 살펴보았더라면, 나는 예수님이 그분을 따르는 이들에게 결코 합당치 않은 무엇을 이미 약속하셨다는 사실을 발견했을 것이다. 예수님은 수고하고 무거운 짐 진 자들에게 쉼과 가벼운 짐, 쉬운 멍에를 약속하셨다.[2]

상상해보라.

잘못 인쇄된 게 아닐까. 설마 정말 그런 뜻으로 말씀하신 것은 아니겠지.

그러나 다시 한 번 그 때문에 예수님은 자신의 메시지를 복음(good news)이라 부르셨다. 지속적으로 무언가를 더 요구하는 우리가 그것을 놓치고 있는지도 모른다.

8장
예수님이 오신 이유
사람들을 걸러내는 것이 나쁜 생각인 이유

●

　이천 년이 넘게 스스로를 영적 리더라 일컫는 사람들은 가만히 있지를 못한다. 이들은 예수님께서 놓으신 입구의 빗장을 높이려고 지속적으로 애를 써왔다. 더욱더 무거운 짐을 얹고는 그것을 제자훈련이라 불렀다. 자신의 내면과 분투 중이거나 연약한 이들이 들어오지 못하도록 문을 닫아놓고 그것이 교회를 성결케 한다고 말했다.

　이들의 의도는 숭고했다. 그러나 이들의 열매는 부패했다. 자신도 모르는 사이에 이들은 이전 바리새인과 같은 역할, 즉 예수님께서 구원하시려 했던 사람들을 막아서는 역할을 했다.

　우리는 왜 이러한 행동을 할까? 무엇이 우리를 유혹해 예수님께서 확장하고자 하신 것을 축소하게 하는 것일까?

배타적이고자 하는 열망

가장 먼저는 타락한 인간의 본성이다. 우리는 특별히 무언가의 일원이 되는 길을 찾고 난 후 배타성을 창조하고 유지하려는 본성을 가지고 있다. 우리는 자신이 얻은 무언가를 붙들고 싶어한다. 자격 없는 이들을 들이고 싶어하지 않는 것이다. 때로는 단순히 자신이 얻은 것을 다른 사람과 나누고 싶어하지 않는다.

이것은 거의 모든 직업군에서 발견되는 양식이다. 미용사든 회계사든, 그 세계로 이미 들어선 사람들은 머지않아 다른 사람들이 들어오는 것이 힘들어지도록 입회 기준과 자격을 높일 방법을 찾는다. 양질의 유지를 위해서라고 말할 것이다. 하지만 실상은 경쟁을 줄이기 위해서다.

대학 교육을 생각해보라. 대부분의 대학이 더 많은 사람들이 교육의 혜택을 누리도록 하겠다는 바람에서 설립된다. 하지만 어느 정도 소기의 목적을 달성한 후에는 더 많은 사람들을 뒷전에 둔다. 엘리트 그룹에 들어가기 위해 더 높은 평점과 더욱 엄격한 입학 자격을 요구하는 것이다. 졸업생들은 이것을 환영한다. 자신의 학위 가치를 높여주기 때문이다. 그러나 얄궂게도, 이들 중 다수가 새로 세운 기준으로는 입학이 불가능하다.

이것은 우리 이웃에게도 해당된다. 개척자들이 이사해 들어오고 난 후 이들은 거의 예외 없이 미래의 정착민들을 들이지 않으려고 한데 뭉친다. 토지 개발업자들은 이것을 님비라고 부른다(우리 뒷마당에는 안 된다는 뜻의 Not In My Back Yard의 줄임말이다―옮긴이).

이것은 누구든 빈 땅에 건축을 계획할 때면 매번 뒤따르는 의무적 소송으로 나타난다. 님비의 사고방식은 이렇다. "내가 여기에 사는 이상, 이곳의 사람 수는 적정하다."

밖에서야 이 같은 행동이 얼마나 이기적인지 볼 수 있지만 내부에 있는 사람들은 그것을 거의 보지 못한다. 이들은 진심으로 자신이 동네 수준을 높게 유지하고, 더 나은 학군을 창조하며, 이웃을 보호하고 있다고 믿는다.

이것은 영적인 영역에서도 다르지 않다. 구원과 영적 성숙의 낮은 기준을 매도하는 사람들은 자신의 과거를 곧잘 잊곤 한다. 또한 대부분의 경우 참되고 성숙한 그리스도인에 대한 자신의 정의가 현재 자신과 하나님과의 동행을 묘하게 닮아 있다는 사실 역시 인지하지 못한다. 영적 님비의 흥미로운 형태인 셈이다.

하지만 진짜 문제는 다음에 있다. 이러한 생각과 행동은 이기적일 뿐 아니라 예수님의 목적과 역사에 정면으로 반대된다. 그분이 오신 이유와도 반목한다.

예수님이 오신 이유

예수님은 사람들을 걸러내러 오신 게 아니다. 그리스도의 "특수 작전 부대"를 모집하려고 오시지도 않았다. 예수님은 하나님 나라의 확장, 즉 이전에는 소외되었던 사람들에게 구원을 전하려는 목적을 가지고 오셨다. 그분이 오심은 잃어버린 자를 찾아 구원하려 하심이며, 이것은 모든 이들이 잔치에 초청하기를 꺼렸던 큰 무리의 사람들을 포함한다.[1] 예수님 사역의 초점은 더 많은 이들이 구원과 하나님을 **더** 아는 지식을 얻도록 계획되었다.

이 사역은 그분의 성육신으로 시작한다. 갈릴리와 같은 후미진 곳을 주거지로 삼고, 또한 손수 택하신 오합지졸을 친히 제자로 삼으신 것을 포함했다. 예수님과 그분을 따르던 사람들은 엘리트와는 거리가 멀었다. 모든 것이 평범했고 어느 곳에서나 흔히 만날 수 있는 보통의 남자와 여자, 아이들의 범위 안에 존재했다.

예수님이 죽으시던 시점에서도, 하늘 아버지는 접근 가능한 메시지를 전해주셨다. 예수님이 돌아가시던 순간, 이제까지는 대제사장을 제외한 모든 사람을 (대제사장도 일 년에 단 한 번, 속죄일에만 들어갈 수 있었던) 지성소로부터 분리했던 성소의 휘장이 위로부터 아래로 찢어졌다. 하나님과 죄인들 사이의 장벽을 상징했던 휘장이 일순간 모두를 위한 열린 접근의 상징이 된 것이다.

신약의 언어 또한 생각해보라. 신약은 코이네$_{Koine}$ 헬라어, 즉 "보통" 헬라어로 쓰였다. 이것은 오늘날 세계적으로 통용되는 문법에 맞지 않은 엉터리 영어와 마찬가지로 시장바닥의 언어였다. 엘리트층이나 교육 수준이 높은 사람들의 언어도 아니고, 물론 예수님 시대 유대인들이 주로 사용했던 언어도 아니었다. 하지만 유대인이나 헬라인, 모두가 이해했던 언어다. 하나님이 자신의 메시지를 사람들과 소통하시기 위해 선택하신 언어가 바로 이것이었다.

예수님이 누구나 하나님께 나아올 수 있게 하신 데 대해 모든 이들이, 감사한 것은 아니었다. 당시의 종교 엘리트들은 수세기에 걸쳐 복잡한 영적 장애물 코스를 완성해왔다. 이들이 성경에 덧붙인 규칙과 엄격함, 그리고 지적 요구는 오직 최고의 혈통과 뛰어난 두뇌, 최선의 헌신을 가진 이들만이 이것을 통과할 수 있게 되어 있다. 예수님이 모든 이에게 지름길을 제공하셨다는 사실을 이들이 곱게 받아들이지 못한 것은 당연한 일이었다.

종교 지도자들이 반대한 것은 예수님의 메시아 되심이나 왕 되심이 아니었다. 예수님이 자신의 천국에 포함시키신 종류의 사람들이었다. 예수님은 이들이 정의하는 헌신된 영성을 계속해서 무시하셨고, 그 때문에 **이들은** 예수님과 싸웠다. 예수님은 **이들이** 천국에 어떠한 자들이 초청될 것이며 어떠한 기준으로 그들을 들일 것인지 까다롭게 고르는 일을 마다하셨다. 그 때문에 이들이 그분을 실패자로 단정 짓고 죽이기로 한 것이다.

오늘날도 여전히 똑같은 일이 반복되고 있다. 더욱 순결한 교회를 위해서라는 명분 아래 더욱더 엄격한 제자도의 기준을 주장하는 사람들은—다만, 자신이 그 구원의 대상을 결정할 수 있는 한—구세주가 계시다는 사실에 기뻐한다.

예수님을 따랐던 군중

몇몇 사람들의 이야기를 듣다 보면, 언제나 사람들을 걸러내신 분은 예수님이신 듯하다. 이들은 서로 관련 없는 몇 개의 문장들과 사건들을 예수님의 삶에서 끌어내 그것을 그분의 표준적인 가두연설로 둔갑시킨다.

하지만 실상 예수님은 많은 군중을 쫓아내기보다 끌어들이기 위한 일을 더 많이 하셨다. 그리고 솔직히 말해보자. 군중이 예수님께 나아온 것은 하나님에 대한 굶주림과 갈급함 때문이 아니었다. 우리가 그랬던 것처럼 그들도 거룩한 이가 나타나 병든 자를 고치고, 눈먼 자를 낫게 하고, 귀신을 쫓아내고, 문둥병자를 치유하며, 심지어 죽은 자도 일으킨다는 소문을 들은 까닭이었다.[2]

군중이 모이지 않을 수가 없었다.

예수님을 보기 위해 많은 군중이 모여들었을 때, 그분은 군중이 모인 잡다한 동기를 이유로 이들을 꾸짖지 않으셨다. 이들이 자기 이익만을 꾀하려는 욕심으로 기적을 쫓는 것도 책망하지 않으셨다. 이들이 나와 자신을 찾을 만큼 여전히 헌신되었는지를 알아보시기 위해 광야로 몸을 숨기지도 않으셨다.

오히려 그 반대였다. 예수님은 이들을 측은히 여기셨다. 이들의 병을 고쳐주셨다. 천국에 대하여도 말씀하셨다. 예수님은 이들을 의로 부르셨다. 그런 다음에는 그것을 다시 반복하시기 위해 다음 마을로 향하셨다.

군중은 변덕스러웠다. 이들의 변덕은 죽 끓듯 했다. 대부분의 사람이 쇼가 끝나자마자 곧장 집으로 돌아갔다. 사람들이 깊은 곳에서부터 변화했다거나 회심을 경험했다는 증거는 거의 없다. 예수님이 자신들을 로마로부터 구원해주실 거라 생각했을 때, 이들은 "호산나!"를 외쳤다. 그러나 예수님이 로마를 타도하는 데에는 별 관심이 없으시다는 사실이 분명해지자, 이들은 "바라바를 풀어주소서!"라고 외쳤다.

하지만 예수님은 지속적으로 군중을 좇아가셨다. 이들의 마음과 불가피한 최후를 아셨지만 체념하지 않으셨다. 예수님은 이들이 받을 만한 가치가 없는 과분한 기회를 주시고 이후 또 다른 과분한 기회를 반복해서 베푸셨다. 물론, 한두 번의 경우 사람들을 걸러내셨고, 한번은 극소수의 사람들만 남자 열두 제자에게 너희도 가려느냐고 물으실 정도였다.[3] 하지만 이것은 일반적인 행동양식이 **아니었다**. 단 한 번의 설교였다.

더욱 급진적인 교회를 갈망하는 많은 사람이 이 사실을 놓치고 있다. 이들은 우리 짐을 대신 져주시는 그분의 은혜라는 복음보다는 그리스도를 따르는 일에 대한 어려움과 도전을 강조한다. 어쩌다 그분의 크신 사랑을 이야기한다 해도, 이것은 주로 사람들이 더 많은 일을 하도록 동기를 부여하기―동시에 상대적으로 적은 일을 하는 사람들에게 왜 여기에 포함될 자격이 없는지를 설명하기―위해서다. 이렇게 생각하는 사람들은 인지하지 못하겠지만, 이들이 원하는 교회는 예수 그리스도의 사역보다 세례 요한의 사역을 더 많이 닮아 있다.

예수님 혹은 세례 요한?

세례 요한은 닮기 어려운 인물이었다. 그는 냄새 나는 옷을 입고 이상한 음식을 먹으며 광야에서 살았다. 나실인의 서원을 하고 태어난 그는 오늘날 우리 표현으로 말하면 금욕주의자―즉 자기 훈련과 모든 종류의 탐닉으로부터 자기 자신을 억제하는 사람—였다.

세례 요한에 대해 듣기 위해 많은 군중이 모여들었다. 하지만 그러기 위해서는 광야로까지 어려운 걸음을 해야 했다. 그것만으로도 구경만 하는 손님과 진지한 구도자들이 구분되었다.

또한 그는 주로 사람들을 걸러내는 메시지를 전했다. 사실, 요한은 자신에게 나아오는 사람들을 향해 지옥행을 선언했다. 죄를 회개하고 세례를 받지 않으면(유대인들은 아브라함과 이삭, 야곱의 하나님으로부터 의롭다 하심을 받기 위해 오직 헬라인만이 그렇게 해야 한다고 생각했다), 죽을 수밖에 없으며 하나님의 심판을 당할 것이라 말했다. 더욱 놀라운 점은 요한이 종교 지도자들에게도 똑같은 메시지를 전했다는 사실이다. 아마도 그러한 이유 때문에 종교 지도자들이 요한을 좋아하지 않았는지도 모르겠다.

그러나 예수님의 사역은 근본적으로 달랐다.

예수님은 곤란한 발언을 거침없이 뱉으셨고, 범접하기 힘든 선을 그으셨지만 광야에 몸을 숨기지는 않으셨다. 그분은 사람들을 향하여 움직이셨다. 사람들이 자신의 말씀을 쉽게 들을 수 있게 하셨다. 거대한 군중을 이끌기 위한 일들을 행하셨다. 심지어 자신을 따르기로 헌신하기 **전에도**, 병을 고쳐주셨다. 그분의 전 생애와 사역은 대중에 영합하는 분위기를 띠었고, 따라서 종교 지도자들은 예수님을 불경하다고 단정 지었다. 예수님을 식탐쟁이에 술고래로 몰아붙이기도 했다. 이러한 점은 세례 요한까지도 혼란스러워했다. 결국 자신의 제자들 중 일부를 보내 예수님이 정말로 언약된 메시아이신지 다시 한 번 확인했다.[4]

이것이 놀라운 이유는, 다른 사람은 몰라도 세례 요한은 예수님이 하나님의 아들이심을 확신해야 했기 때문이다. 세례 요한은 예수님께 세례를 베풀었을 때, 성령이 비둘기같이 그분에게 내려앉는 것을 보았고, 성부 하나님이 "이는 내 사랑하는 아들이요 내 기뻐하는 자라" 하시는 말씀을 들었다.[5]

이것은 꽤나 노골적이다. 애매모호함이 없다. 절대 잊기 어려운 사건이 아닐까 싶다. 하지만 분명 군중을 향한 예수님의 사역은 세례 요한과 같은 철저한 금욕주의자의 예상과 너무나도 달랐고, 세례 요한은 자신이 모든 것을 잘못 이해하지는 않았는지 의심하는 지경에 이르렀다.

오늘날 많은 영적 엘리트들이 이와 같은 의심을 하고 있다. 예수님과 같이, 즉 영적으로 헌신되지 않고(자신에게 유익한 것을 찾아 구경만 하려는 많은 군중을 끌어모으다 못해 그들의 필요를 채워주고 이들의 구미에 맞춰 하나님의 뜻을 가르치는), 이들로 하여금 더 듣고 싶게 만드는 사역을 대하며 이것을 물 탄 복음으로 타협한 사역이라 단정 짓는다.

사람들을 걸러내야 한다고 주장하는 이들은 이러한 교회에 출석하는 사람들에게 특별한 이름을 붙여 이들을 조롱하기까지 한다. 바로 소비자적 그리스도인들 consumer Christians 이라는 이름이다. 이들에게 접근하고 잠시라도 이들을 가까이 하기 위해 무언가를 하는 사역이나 교회에는 화가 있을지어다. 따라서 다음 장에서는 이들에 대해 살펴보자.

9장

 ## 예수님이 어울리셨던 죄인들
소비자적 그리스도인들이 사랑받아야 할 이유

•

소문에 따르면 교회를 정할 때 실제 그 교회가 자신을 위해 무엇을 해줄 수 있을지를 따져보는 신자들이 있다고 한다. 상상해 보라!

종교 엘리트들이 들으면 소름끼쳐 할 일이다. 자신이 선호하는 예배 형식이나 공감되는 설교자를 바탕으로 예배 장소를 선택한 사람들이 있는 교회를 예수님이 기뻐하신다는 사실을 이들은 이해할 수가 없다. 많은 그리스도인이 출석할 교회를 선교나 지역 사회를 위해 봉사할 수 있는 기회보다는 유초등부와 중고등부 프로그램의 질을 바탕으로 결정한다는 사실에 이들은 경악을 금하지 못한다.

이른바 소비자적 영성의 그리스도인들이 모이는 교회는 두 종류다. 먼저 편안하고 향수를 불러일으키는, 다르게 표현하면 "늘 그래온" 방식대로 교회를 운영하는 전통적 교회가 있다. 반면 이들의 갈망을 충족시키기 위한 최고의 밴드와 흥미로운 설교자들, 성능 좋은 최신 에어컨, 그리고 일사불란한 주차 요원들이 있는 대형 교회가 있다.

나는 이 소비자적 그리스도인들이 예수님을 따랐던 군중의 현대판이라 생각한다. 이들은 변덕스럽다. 최신의 것과 거대한 것에 몰려든다. 이들 중 다수는 이것을 이해하지 못한다. 어려움이 닥치면, 많은 이들이 배를 버리고 떠날 것이다. 칭찬할 만한 특징은 아니지만, 이들은 예수님이 측은히 여기시고 공생애 기간 내내 끈질기게 좇으셨던 사람들에게서 발견되는 특징들과 놀랍도록 유사하다.

하지만 오늘날의 종교 엘리트들은 이들을 조롱하고 경멸하는 눈으로 바라본다. 이기적인 돼지들로 여긴다. 자신의 육적인 유익을 위해 구주를 좇는다는 사실에만 주목하여 이들을 그리스도인이 될 자격이 없다고 단정 짓고 쫓아버리거나 아니면 처음부터 발을 들이지 못하도록 최선을 다한다.

근본적으로 "불편한" 교회

한 젊은 목회자와 이야기를 나누었는데, 그는 자신의 교회가 온전히 헌신된 그리스도인들만으로 구성될 때 예수님이 가장 기뻐하실 것이라 확신했다. 그는 강경한 죄인들이 들어오는 정도는 개의치 않았다. 그들도 마땅히 한 번은 복음을 들어야 했다. 하지만 소비자적 그리스도인들의 경우는 달랐다. 이들에게는 이미 많은 기회가 있었다.

그의 계획의 상당 부분은 근본적으로 **불편한** 교회를 짓는 것이었다.

정말이다.

많은 책과 컨퍼런스의 감동적인 강의들을 통해 그가 내린 결론은, 다른 나라의 그리스도인들은 나무 그늘 아래에서도 기꺼이 몇 시간을 모이는데, 헌신되지 못한 군중을 모으기 위해 세련된 교회 건물에 돈을 들이는 일이 우습다는 것이었다.

그는 이렇게 말했다. "핍박받는 그리스도인들도 수십 킬로미터를 걸어 엄청난 위험을 무릅쓰고 혹독하고 비좁은 비밀 장소에서 만나는데, 왜 우리라고 그와 같은 헌신을 보일 수 없겠습니까? 도움이 필요한 사람들을 위해 그 돈을 사용할 수도 있는데, 무엇 때문에 근사한 건물이 필요한 겁니까? 천막이나 조악한 콘크리트 건물에서는 절대로 모일 수 없는 걸까요? 접이식 의자나 바닥에 앉을 수는 없는 걸까요?"

그러고 난 후 그는 결정적이라고 생각하는 한 방을 날렸다. "그린베이 패커스(미국 프로 미식축구팀―옮긴이)의 팬들은 정말로 추운 날씨에도 자신이 좋아하는 팀을 위해 몇 시간 동안 야외 경기장에 앉아 응원할 수 있는데, 왜 우리는 예수님을 위해 그렇게 할 수 없는 걸까요?"

불행하게도 그는 중요한 사실을 간과하고 있었다.

한겨울 램보필드(그린베이 패커스의 홈구장으로 폭설이 자주 오고 기온이 낮아 최악의 경기장으로 유명하다—옮긴이)에 누가 나타나는지를 잊은 것이다.

이곳은 **이미** 패커스의 광팬들로 가득 찬다.

나는 샌디에이고 출신이다. 내가 만일 그린베이로 이사를 왔고, 당신이 나를 패커스의 팬이 되게 하려면 당신은 평면 TV를 준비해야 할 것이다. 바깥 기온이 10도 이하라면 나는 절대로 경기를 보러 가지 않을 것이기 때문이다.

당신이 나를 속여(예를 들어, 정말 재미있다며 경기장의 체감 온도가 영하 10도라는 것에 대해서는 거짓말을 해) 경기장에 데리고 간다면, 확신하건대 나는 전반전이 끝날 즈음에는 택시 안에 있을 것이다. 결국 나는 새로운 패커스의 팬이 될 수 없을 것이다.

만일 우리의 목표가 **오직** 교회를 이미 예수님께 깊이 헌신된 사람들로만 채우는 것이라면 램보필드 같은 예배 시설을 갖추는 것은 좋은 생각일 수 있다. 하지만 우리의 목표가 기독교에 대해 납득하지 못하는 이들을 설득하고, 경험이 없는 이들에게 다가가고, 아직은 예수님께 관심이 없는 이들을 초청해서 예수님과 성경이 무엇인지 와서 보도록 하는 것이라면, 우리의 건물은 (그것이 가정 교회든 대형 교회든) 가능한 한 매력적이고 편안한 것이 좋다.

예수님이 어울리셨던 죄인들

소비주의적이고, 격식을 차리지 않는, 그리고 문화적인 그리스도인들은 무조건 찾아 쫓아내야 한다는 생각은 예수님의 사역에서 아주 중요한 사실을 간과한 결과다. 예수님이 어울리셨던 것으로 유명한 죄인들은, 하나님의 말씀을 한 번도 접해보지 못했던 강경한 이교도들이 아니었다. 창녀들과 세리들을 비롯하여 바리새인들을 거슬리게 한 이들은 거의 다 유대인, 즉 하나님의 도를 알았지만 무슨 이유에서든 그것을 따르지 않기로 선택한 사람들이었다.

아마도 그들이 자신의 종교적 유산이나 아브라함과의 언약을 의지했기 때문일 수 있다. 자신의 죄가 크지만 적어도 이교도인 사마리아인들이나 우상을 숭배하는 이방인들보다는 낫다고 생각했을 수도 있다.

누가 알겠는가?

그러나 한 가지는 분명하다. 문화적·종교적·민족적 정체성이 그토록 긴밀히 연결된 상황에서 이 "죄인"들이 하나님의 율법을 몰랐을 리는 만무하다. 이들의 죄는 무지의 죄가 아니었다. 이들은 자신의 행위를 알았다. 예수님이 설명을 덧붙일 필요도 없이 더 이상 죄를 짓지 말라 이르실 수 있었던 것도 이 때문이다. 이들은 예수님의 의도를 정확히 알았다.

이것은 오늘날 많은 교회에서 우리가 마주하는 상황과 굉장히 유사하게 들린다. 요즘 우리 교회들에는 자신의 종교적 유산이나 예수님과 그분의 부활 혹은 고교 시절 여름 수련회에서 올려드린 기도를 믿는 대충의 믿음을 의지하는 사람들로 가득하다.

사람들을 걸러내야 한다고 주장하는 무리가 우리에게 바라는 것은 이러한 사람들에게는 우리의 시간이나 에너지와 연민이 합당치 않다고 결론 짓는 것이다. 대신 우리가 교회와 사회로부터 거절당한 강경한 이교도들에게 좀 더 관심을 기울이기를 원한다. 하지만 예수님의 사역을 우리 인식 체계에 부합하도록 재정립할 수는 없다. 예수님과 같은 방법으로 죄인들에게 다가가기를 원한다면, 우리가 인가하는 죄인들의 목록에는 우리 교회의 좌석을 차지하고 있는 육욕적이고, 문화적이며, 소비자적인 그리스도인들이 포함되어야만 한다.

그렇다고 나를 오해하지는 마라. 내 말은 우리가 무심하고 소비자적 영성을 가진 그리스도인들로 가득 찬 교회에 만족해야 한다는 의미가 아니다. 또한 영적인 성숙이 하나님을 향한 고갯짓 한 번에 지나지 않는다는 정의에 안주해야 한다는 뜻도 아니다. 반복되는 죄를 지었을 때, 교회의 치리를 무시해야 한다는 의미도 절대 아니다.[1]

우리의 궁극적인 목표는 예수님이 가르치신 **모든** 것에 온전히 순종하는 것이다. 그래야만 지상대명령의 후반을 성취할 수 있다.[2] 하지만 뭔가 버벅거리고 심지어 이미 알고 있는 바를 무시하기까지 하는 사람들을 향한 우리의 태도는 바리새인들의 경멸과 혐오, 그리고 배타성보다 예수님의 연민과 사역에 더 맞추어져야 한다.

하지만 여기에는 한 가지 문제가 더 있다.

실제 이들은 단순히 미지근한 그리스도인들이 아닐까? 예수님께서 어딘가에서 자신이 뜨뜻미지근한 그리스도인들을 싫어하신다고 말씀하지 않으셨던가?

미지근한 라오디게아 교회

많은 이들과 마찬가지로, 나 역시 버벅거리고 냉담한 그리스도인들에 대한 혐오감을 정당화하기 위해 예수님이 라오디게아 교회에 이르셨던 말씀을 인용한 적이 있다. 요한계시록 3장에서 예수님은 라오디게아 교인들에게 이들이 미지근하지 않기를, 즉 차든지 뜨겁든지 하기를 원한다고 말씀하셨다. 이어 이들이 스스로를 가다듬지 않는다면 자신의 입에서 토해버리겠다고 하셨다.[3]

내게 이 본문은 명명백백했다. 하나님은 우리의 믿음이 미지근한 것을 싫어하신다. 하나님을 안다고 말하면서 온전한 열정으로 그분을 따르지 못하는 사람들이 향하는 최후는 타구(가래나 침을 뱉는 데 쓰던 그릇—옮긴이)였다. 하지만 나는 중요한 무언가를 놓치고 있었다.

이 본문에서 예수님이 갑자기 방향을 트신 것은 아니다. 온전히 헌신하지 못한 이들에게 다가가 이들을 좇으셨던 지상에서의 사역을 뒤로 하고, 하늘로 올라가셨다고 해서 돌연히 이들을 체념하신 것도 아니었다. 예수님은 여전히 이들을 좇고 계셨다.

이들의 미지근한 믿음에도 불구하고, 예수님은 이들을 문앞에서 내쫓지 않으셨다. 오히려 그 반대였다. 스스로 필요한 줄도 모르고 있는 것을 자신으로부터 얻으라고 부탁하시며, 이들에게 다시 한 번 간청하셨다. 문밖에 서서 두드리시며 누군가 그 문을 열고 그분의 교회로 자신을 다시 들여 보내주기를 소망하셨다.

이것은 혐오가 아닌 사랑에서 비롯한 힐책이다. 라오디게아 교회는 믿기 어려울 정도로 혼란스러웠다. 뜨뜻미지근했을 뿐 아니라, 그것에 대해 오만하기까지 했다. 이들은 스스로 부유하다고 생각했다. 필요한 것이 없다고 생각했다. 하지만, 실상은 예수님이 말씀하신 대로 "곤고했고, 가련했고, 가난했고, 눈이 멀었고, 벌거벗은" 상태였다(17절).

하지만 예수님은 이들을 포기하지 않으셨다. 이들이 돌이키기를 바라시며 다시 한 번 경고하셨다. 이들이 오랜 시간 미지근했던 것은 분명하다. 하지만 예수님은 여전히 이들을 좇으셨다. 이들을 토해버리시는 때가 올 것이다. 하지만 아직 그때는 이르지 않았다.

급진적인 기독교에 대한 우리의 열성적인 추구가 뒤쳐진(심지어 낙오된) 사람들을 체념하거나, 쫓아버리고, 혹은 이들을 토해버리는 것을 우리의 책임으로 여기는 결과를 낳는다면 확실히 무언가 잘못된 것이다. 우리는 더 이상 예수님의 마음과 보조를 맞추고 있다고 말할 수 없다. 이 시점에서 우리는 이미 선을 넘은 것이다. 우리는 영적 엘리트, 즉 우연한 바리새인의 일부가 되었다.

예수님은 빗장을 높이기 위해 오시지 않았다. 패배자를 제거하기 위해 오시지도 않았다. 패배자와 느림보, 그리고 원수를 하나님의 순전한 아들딸로 만들기 위해 오셨다.

그분은 우리를 심판하러 오실 것이며, 그날은 두려운 날이 될 것이다. 하지만 그분은 우리를 좇고 용서하기를 더욱 기뻐하신다. 십자가 위에서 "아버지, 저들을 사하여 주옵소서, 자기들이 하는 것을 알지 못함이니이다"라고 외치신 것도 이 때문이다. 마지막으로 한 번 더 라오디게아 교인들에게 경고하신 것도 마찬가지다. 아직도 불같은 심판을 내리지 않으신 것도 이 때문이다.

돌아오시고 심판하시겠다는 예수님의 약속은 더디지 않다. 다만 오래 참으시는 것이다. 그분은 아무도 멸망하지 아니하고, **모두가** 회개에 이르기를 원하신다.[4] 그리고 이것은 강경한 죄인과 미지근한, 심지어는 이른바 소비자 그리스도인들까지도 포함한다. 이러한 이유로 나는 온전히 헌신하지 못한 이들을 경멸하는 오늘날의 시선이 당혹스럽다.

예수님도 나와 같은 생각일 것이다.

3부를 위한 토의 질문

배타성

1. 당신이 개인적으로 알고 있는 교회들과 그리스도인들을 볼 때, 예수님을 따른다는 의미에서 그 빗장이 높아질 필요가 있다고 생각되는 영역들이 있는가? 있다면 한번 나열해보라. 이것이 특별히 중요한 이유는 무엇인가?

2. 당신은 천국 전파보다 사람들을 걸러내는 것을 강조하는 어떠한 기독교적 표현에 이끌려본 적이 있는가? 있다면 당신이 집중했던 영역과 문제는 무엇이었는가? 오늘이라면 어떻게 달리 반응하겠는가?

    a. 우리가 보았듯이, 사람들을 걸러내는 경향은 (혹은 걸러내기를 즐거워하는 것은) 영적으로 위험하고 예수님과도 일치하지 않는다. 천국 전파보다 사람들을 걸러내는 것을 선호하는 이들을 대면해야 할 때 당신은 무엇을 이야기하겠는가?

    b. 물론 사람들을 걸러내야 할 때와 장소가 있다. 예수님도 그렇게 하셨다. 오늘날 우리는 어떠한 영역에서 사람들을 걸러낼 필요가 있다고 생각하는가?

3. 우리 뒷마당에는 절대 안 된다는 님비 효과를 당신의 교회나 소그룹, 그리스도인 친구들 사이에서 경험하거나 목격한 적이 있는가?

어떠한 일이 있었는가? 그러한 경험으로부터 무엇을 배울 수 있었는가?

4. 우리 모두가 어느 정도는 "소비자" 그리스도인이라는 주장에 동의하는가? 그 이유는 무엇인가? 이것은 좋은 것인가, 나쁜 것인가, 아니면 별로 대수롭지 않은 것인가?

5. 3부를 돌아볼 때, 이전에는 보지 못했다거나 당신이 가장 노력해야 할 특별한 내용은 무엇인가? 그 특정 원리나 통찰이 중요한 이유는 무엇인가? 당신은 그것에 어떻게 반응할 계획인가?

율법주의
제사가 인애를 몰아낼 때

Accidental Pharisees

10장

새로운 율법주의
시험하는 기독교의 위험

●

　바리새인들은 리트머스 테스트(산성 용액과 알칼리성 용액을 구분하는 아주 간단한 시험 방법―옮긴이)를 즐긴다. 언제나 그랬다. 언제까지나 그럴 것이다.

　예수님 시대, 이들의 엄격한 규칙과 성경 외 기준들은 경건한 자와 불경건한 자, 헌신된 자와 헌신되지 못한 자를 구분하는 빠르고 간편한 방법을 제공했다. 이를 통해 바리새인들은 누가 자신들에게 속해 있고 속해 있지 않은지를 알 수 있었다.

　바리새인에게 가장 중요한 것은 영적 엘리트에 소속되는 것이었다. 최악은 무리에 어중간하게 섞이는, 즉 평범한 이들에 속하는 것이었다. 이들의 자부심은 스스로를 다른 사람들과 구별하는 능력과 밀접한 관계를 맺고 있었다. 이들은 오직 엘리트들만이 하나님의 은혜를 얻을 수 있다고 생각했다. 따라서 자신이 정말로 다른 대부분의 사람들보다 헌신하고 있다는 사실을, 자기 자신과 다른 사람들에게 증명하기 위해 수많은 경계표지와 시험을 만들어냈다.

자랑스러운 이름

심지어 **바리새인**이라는 이름에도 다르게 보이고 싶어하는 이들의 갈망이 드러났다. 이것의 문자적 의미는 "구별된 자"이다. 이들은 자랑스럽게 그 이름표를 달았다. 바리새인들이 평범하지 않다는 사실을 모든 사람에게 상기시키는 것이다.

이천 년이 지난 지금도 마찬가지다. 매우 헌신적인 자들에 속하고 싶어하는 우리 중 일부는 여전히 평균적이고 평범한 사람이 된다는 생각을 싫어한다. 두려워한다. 우리는 하나님의 은혜가 가장 헌신된 자들을 위해 예비되어 있다고 생각한다. 하나님 나라에 낙오되고, 고투하고, 의심하고, 연약한 자들을 위한 자리가 있다는 사실을 상상하지 못한다. 따라서 자신이 여전히 최전방에 있음을 증명하기 위해 우리는 새로운 시험과 경계표지들을 만들어왔다.

하지만 그 사이 한 가지 큰 변화가 있었다. 누구도 더 이상은 바리새인이라 불리고 싶어하지 않는다는 것이다. 거기에는 더 이상 다름과 구별의 의미가 들어 있지 않다. 다만, 스스로 의롭다 여기는 위선적인 사람을 상징할 뿐이다. 따라서 우리가 다른 사람보다 더욱 헌신하고 있다는 사실을 드러내기 위해서 새로운 표현들을 고안해왔다. 자신이 속한 모임이, 착각에 빠져 성경의 절대적 기준에 부합하지 못하는 대중들보다 훨씬 더 성경적이고, 헌신적이며, 주님께 기쁨이 된다는 사실을 모든 사람들이 알 수 있도록 우리는 **급진적**, **예수에 미친**, **선교적**, **복음 중심적**, **혁명적**, **유기적** 등을 비롯하여 수많은 표현들을 만들어냈다.

잘못된 질문

나는 모임의 최전방에 서고자 하는 갈망을 너무나 잘 이해한다. 나도 매우 헌신된 기독교 안에서 살고 싶다. 내 근본 뿌리 또한 그곳에 있다. 이것은 거울을 통해 보고 싶은 나의 모습이기도 하다. 나는 방금 언급한 모임들 대부분의 중심 신학과 열정에도 동의한다.

하지만 내가 더 염려스러운 것은 새로운 경계표지와 시험들의 확산이다. 사람들은 내게 우리 교회가 선교적인지, 복음 중심적인지, 성령의 인도를 받는지, 강해 중심적인지, 외부에 집중하는지 등 다양한 용어를 사용하여 자주 질문을 던진다. 우리가 예수님을 사랑하는지를 묻는 사람은 아무도 없다. 너무 일반적인 질문이기 때문이다. 이들은 내가 그들 자신의 특정 시험을 통과할 수 있는지를 알고 싶어한다. 내가 그들 자신과 동일한 비전과 목적, 그리고 비밀을 공유하는지를 알고 싶어한다. 만일 그렇다면 이들은 내게 은밀히 악수를 청한다. 그렇지 않으면 이들은 나를 위해 기도한다.

시험하는 기독교는 결코 좋은 것이 아니다. 이것은 우리로 하여금 잘못된 질문을 던지게 한다. 그리스도의 몸의 한 부분을 다른 부분과 겨루도록 한다. 이것은 우리를 교만하게 하고, 배타성을 조성하며, 율법주의적 심장으로부터 흘러나온다. 내가 염려하는 것은 오늘날 새로운 경계표지와 시험들이 우리를 신약의 기독교가 아닌 신약의 바리새주의로 인도한다는 사실이다. 이들은 오래된 율법주의의 최신 버전일 뿐이다.

오래된 율법주의

나는 오래된 율법주의 아래에서 성장했기 때문에, 율법주의에 대해 잘 안다. 우리의 지도자들은 우리의 마음보다 냉장고 속 내용물에 더 많은 관심을 보였다. 맥주나 와인은 우리를 지옥에 떨어뜨리겠지만, 다른 사람들에게 비판적이고 중상하는 태도는 노력을 좀 기울이면 되는 인격적인 결함에 불과했다.

다른 규칙들도 있었다. 우리는 이것을 "12가지 금기사항"이라고 이름 지었다. 이것의 상위 목록에는 극장과 춤을 추는 것, (적어도 포커로 하는 종류의) 카드 게임에 대한 금지가 올라와 있었다. 복장 규정 또한 엄중했다. 짧은 치마와 긴 머리, 턱수염은 마귀의 것이었는데, 예수님만은 긴 머리와 턱수염의 규칙에서 예외를 얻으신 듯했다.

오늘날 대부분의 그리스도인들은 이러한 목록을 비웃는다. 혀를 끌끌 차고 고개를 내젓는다. 우리는 대체 어떠한 이유로 구식의 복장 규정과 지루한 식단, 짧은 머리가 우리를 더 나은 그리스도인으로 만들어준다거나 우리에게 더욱더 강력한 증거가 되어준다고 생각하는지 궁금해한다. 우리 중 대부분은 이미 오래전 이러한 종류의 규칙과 규정들이 육체를 따르는 것을 금하는 데 조금의 능력도 발휘하지 못한다는 사실과, 누가 하나님으로부터 의롭다 하심을 받고 받지 못했는지 또한 분명히 말해줄 수 없다는 사실을 깨달았다.[1]

하지만 오래된 율법주의의 종말이 율법주의 자체의 종말을 의미하지는 않는다. 이것은 여전히 건재하다. 그리고 각각의 규칙과 규정으로 무장한 새로운 압력들로 교묘하게 변화해왔다.

새로운 율법주의

새로운 율법주의는 당신의 냉장고 속에 들어 있는 내용물에 관심을 두지 않는다. 다만, 진입로 상의 물건에만 관심을 가진다.

지금 당신의 냉장고에 소규모 양조장에서 제조된 한정판 맥주가 있다면 술을 좋아하는 사람들은 당신에게 열광할 것이다. 당신이 술집에서 전도를 한다면 기독 잡지에서 당신을 문화에 앞서가는 인물로 다루는 기사를 써줄 것이다. 영화는 더 이상 악한 것이 아니라, 문화적으로 적절한 설교의 예화 거리가 된다. 춤에 관해서라면, 뛰어난 디제이는 많은 기독교 예식에서 훌륭한 사진사만큼 중요한 인물이 되었다.

대신 새로운 율법주의는 완전히 다른 기준들을 가진다. 높은 헌신을 요하는 기독교를 표방하는 각각의 기준들은 이들 중 어떠한 기준이 가장 중요하고 또 협상이 불가능한지에 대한 자신만의 의견을 제시하게 한다. 각각의 기준이 자신만의 시험을 치르게 한다.

여기 몇 가지 예가 있다. 당신은 여기에서 당신 자신이나 당신의 동족, 친한 친구들 중 일부를 발견할 수도 있다. 나는 그랬다.

급진적 그리스도인

급진적radical 그리스도인들은 예수님을 따른다는 의미의 선행지표로 관대함을 드는 경향이 있다. 이들이 요구하는 측정 기준은 관대하고 소박한 생활양식인데, 여기에는 충분히 관대하지 못한 것은 충분히 소박하게 살지 않는 까닭이라는 경고가 동반된다.

불행하게도, 성경은 소박한 삶의 모습을 정의하지 않는다. 명령하지도 않는다. 따라서 자칭 "급진주의자들"은 적절한 소박함과 알맞은 관대함을 스스로 정의해야 했다. 지나치게 세부적이고 구체적이기를 바라지는 않지만(율법주의적으로 비칠 것이기 때문이다), 한 가지는 분명하다. 호화로운 집과 세련된 자동차가 있다면 당신은 예수님을 따를 자격이 없다.

급진주의자들의 진입로에 있는 비싼 자동차나 호화로운 집을 오래된 율법주의자에 빗대면 냉장고에 든 차가운 맥주와도 같다. 이것은 당신의 우선순위가 뒤죽박죽이라는 확실한 증거다. 더 질문할 필요가 없다. 당신의 소유가 그것을 분명히 증명했다. 당신은 하나님과의 관계를 바로 할 필요가 있다.

예수에 미친 그리스도인

매우 헌신된 그리스도인들의 두 번째 무리는 자신이 예수님과 미치도록 사랑에 빠졌다고 생각하는 사람들이다. 이들이 주장하는 참 제자의 시험은 재정이든, 다른 무엇이든 값비싼 희생을 치러야 하는 것이다. 믿음을 위해 박해를 받았다는 증거는 높은 가치를 가진다. 당신의 모든 친구들이 미쳤다고 말했던 거친 믿음의 도전들도 마찬가지다.

만일 당신이 의도적으로 고난의 길을 선택해보지 않았다면, 예수님에 대한 당신의 헌신을 심각하게 의심해봐야 한다는 사실에 주의하라. 당신의 궁극적인 목표가 자기 일을 하면서 조용하고 편안히 사는 것이라면 여기에 지원할 생각도 하지 마라. 당신은 참된 신자 이하(사도 바울은 그러한 평가에 동의하지 않을 것이지만 말이다)[2]로 지목될 것이다.

선교적 그리스도인

매우 헌신된 그리스도인들의 세 번째 무리는 **선교적**missional이라는 꼬리표를 채택했다. 이들은 하나님의 사명을 완수하기 위해 현재 당신이 무엇을 하고 있는지를 알고 싶어한다. 당신이 무료 급식소를 시작하고 위험에 처한 아이들을 위한 자원봉사를 자청하거나, 아니면 당신의 가족이 교외의 빈민지역으로 이사한다면, 당신은 아무런 문제없이 훈장을 달게 될 것이다.

하지만 주의하라. 당신이 이른바 구도자를 위한 교회에 출석한다면 이 무리에 들어가기는 어려울 것이다. 선교적 그리스도인들은 큰 건물이나, 대규모 예산, 혹은 화려한 선교 행사를 추구하는 교회들이 문화와 타협했다고 생각한다. 그러한 교회에 출석하는 사람들도 마찬가지다. 연좌제인 셈이다.

복음 중심적 그리스도인

매우 헌신된 그리스도인들의 네 번째 무리는 **복음 중심적**gospel-centered이라는 이름을 선택한 사람들이다. 이들은 영적 성숙을 자신의 신학적 기준선을 이용해 결정 짓기를 좋아한다. 만일 어려운 단어들과 세심한 차이, 미묘한 뉘앙스의 토론을 좋아한다면, 당신은 이 무리에 곧바로 적응할 수 있을 것이다. 최근에 조나단 에드워즈의 책을 읽었다면 그것도 도움이 될 것이다.

이들의 시험을 통과하기 위해서는 많은 성경 구절들을 인용하고, **실용적**이라는 단어는 지양하며, 모든 것을 복음과 연결시켜야 한다. 영적 성숙을 공인받기 위해서는 탄탄한 신학이 필요하다. 물론 보통의 경우 그것은 탄탄한 지성과 상당한 교육을 요구하고, 따라서 만일 당신이 이해가 느리고, 난독증이 있거나, 행동 지향적이고, 머리보다는 손을 쓰는 것에 능하고 어려운 단어와 긴 단락을 힘들어하는 사람이라면 참석은 가능하겠지만 무엇도 인도할 수 있을 것이라 기대해서는 안 된다. 당신은 결코 성숙하고 헌신된 제자로서 이들의 검열을 통과하지 못할 것이다.

혁명적이고 유기적인 그리스도인

마지막으로 자신을 혁명적revolutionary이거나 유기적인organic 그리스도인으로 생각하는 사람들이 있다. 대형 교회 혹은 교회의 제도적인 한 형태의 결점으로부터 깊은 상처를 입었거나 환멸을 당한 경험이 있다면 당신도 유력한 후보자다. 제도적 교회의 결점에 대한 날카로운 인지가 전제조건이다.

그것을 전제로 한 온전한 인정을 위해서는 가정 교회에 출석해야 한다. 아이들이 그 교회의 학생부를 좋아한다든가 친구들이 그 교회를 다니고 있기 때문에, 건물과 융자, 유급 직원을 둔 교회에 출석해야만 한다면 걱정하지 마라. 즉시 그 교회를 떠날 필요는 없다. 공개적으로 그 교회의 예산이나 지도자들을 비판하고 그것이 더욱 거대해지지 않도록 당신의 십일조와 헌금의 일부 혹은 대부분을 다른 곳으로 보내 당신은 혁명적이고 유기적인 수장(제복의 소매에 달아 계급을 나타내는 것—옮긴이)을 획득할 수 있다.

기독교 신앙에서 이와 같은 표현들은 모두 좋은 것을 강조하기 위해 노력한다. 이들 모두는 하나님 나라에서 중요한 자리를 차지한다. 하지만 위험한 절벽 끝에서 비틀거리고 있다.

우리 자신의 개인적인 열정과 부르심을 누가 참된 제자이고, 그렇지 않은지를 결정짓는 시험과 쉽볼렛shibboleth(어떤 특정한 집단이 다른 집단이나 외부인을 구별해내기 위한 단어; 삿 12:6 참조)이 되도록 허용하는 순간 지나치게 큰 걸음을 떼는 까닭이다.[3] 이 지점에서 우리는 더 이상 하나님 나라를 세우지 않고 허물기 시작한다. 새로운 율법주의자들이 된 것이다.

11장
추가적 규칙과 추가적 울타리
하나님의 말씀에 무엇을 더하는 위험

  그리스도인이 되고 얼마 지나지 않아 나는 두 종류의 그리스도인, 즉 불필요한 것을 모두 뺀 기본적인 유형과 화려한 장식의 골드 등급 유형이 있다는 사실을 알게 되었다.

  불필요한 것을 모두 뺀 기본적인 유형은 교회를 출석하고 큰 죄를 피하기 위해 애썼으며 어딘가로 종종 자원봉사를 하러 나갔다.

  화려한 장식의 골드 등급 그리스도인들 역시 교회에 출석하고 큰 죄를 피하기 위해 애썼지만 이들은 단순히 자원봉사만을 나간 것이 아니었다. 이들은 리더의 위치에서 봉사를 했다. 또한 이들에게는 추가 점수를 획득하기 위한 추가적 규칙들과 높은 울타리들이 있었다.

골드 등급의 규칙

골드 등급의 규칙들은 영적으로 성숙해지기 위한 방편으로 만들어졌다. 이들 대부분은 영적 훈련에 초점을 두고 있다. 골드 등급 그리스도인들은 기도도 단순하게 하지 않았다. 정해진 시간에, 올바른 방법으로 기도했다. 나는 곧 아침 일찍 일어나 성경을 읽고 기도하는 것이, 늦잠을 자고 대충 그때그때 봐가며 성경을 읽는 것보다 훨씬 더 훌륭하다는 사실을 알게 되었다. 또한 느낀 점을 일기장 그것도 멋진 가죽 표지의 일기장에 기록하는 것도 중요했다.

이외에도 규칙들은 많았다. 무엇도 성경에 기록되어 있지는 않았지만 매우 헌신적인 사람으로 손꼽히고 싶은 사람들에게만 해당되는 의무였다. 이들은 TV 시청 시간, 가족 예배의 중요성, 제대로 된 자선 단체에 보내는 충분한 기부, 낯선 사람과 자신의 믿음을 나누는 일을 비롯하여 현재 그리스도인들 간에 존재하는 모든 쟁점이 되는 문제들에 대한 친숙함과 관련이 있었다. 물론 지금 언급한 내용은 아주 부분적인 목록이다. 전체적인 목록은 매우 길뿐 아니라 지속적으로 갱신된다.

골드 등급의 울타리

골드 등급의 울타리는 죄를 들이지 않기 위해 고안되었다. 성경에서 찾아볼 수는 없지만 이 울타리는 성경을 기초로 한다. 결국 하나님의 울타리 주변을 두른 추가적인 울타리로 누구도 절벽에 떨어질 만큼 가까이 다가서지 못하도록 만들어진 것이다.

왜 우리는 성경에도 없는 수많은 추가적 울타리들을 가지고 있어야 하는지에 대해 목사님께 물었던 기억이 난다. 목사님은 우리의 안전을 위해서라고 대답하셨다. 그 말은 하나님의 울타리가 충분하지 않다는 이야기였다. 따라서 우리는 그분을 돕기 위해 추가적으로 울타리를 더한 것이다.

예로 하나님은 "술 취하지 말라"는 울타리를 세우셨고, 우리는 술 마시지 말라는 울타리를 더했다. "간음하지 말라"는 또 다른 울타리 역시 세우셨고, 우리는 춤추지 말라는 울타리를 더했다. "돈을 사랑하지 말라"는 울타리에 대해서는 우리가 구입할 수 있는 집의 크기와 운전할 수 있는 자동차의 가격을 제한하는 울타리를 더했다. 이외에도 우리에게는 다른 많은 울타리들이 있다.

내가 골드 등급에 지원하는 데는 많은 시간이 걸리지 않았다. 나는 가능한 한 최고의 그리스도인이 되고 싶었다. 추가적인 규칙들과 울타리들은 내게 달려갈 길을 제공해주었고, 하나님과 다른 모든 사람에게 내가 예수님을 따르는 일에 진지하다는 사실을 보여주는 훌륭한 방법이었다.

나는 최선을 다했다. 하지만 이러한 규칙들과 울타리들이 나를 예수님과 같은 모습으로 만들어주지 못한다는 사실을 발견했다. 나는 여전히 불필요한 것을 모두 뺀 기본적인 유형의 사람들과 다름없는 죄로 씨름하고 있었다. 사실 나는 한 가지 죄와 더 씨름해야 했는데, 그것은 바로 교만이었다. 불필요한 것을 모두 뺀 기본적인 유형의 사람들에게 둘러싸인 골드 등급으로서 겸손하기란 너무 어려운 일이었다.

하나님의 말씀에 무엇을 더하는 것

율법주의를 위험하게 만드는 것은 이것이 늘 최선의 의도에서 시작된다는 사실이다. 율법주의자들은 결코 스스로를 율법주의자로 보지 않는다. 자신이 순종적이라 생각한다. 또한 자신이 행하고 있는 성경 밖 규칙들을 성경 밖의 것으로도 보지 않는다. 이 규칙들이 온전히 성경적이며 성경이 암시하는 모든 것의 주의 깊은 적용이라 생각한다.

암시가 명령이 될 때

율법주의의 초기 징후들 중 하나는 성경의 분명한 **명령**보다 **암시**에 더욱 큰 의미를 두는 것이다.

고린도 교회에 보낸 바울의 편지들 중 하나에 기록된 명령을 예로 들어보자. 바울은 첫 번째 편지를 통해 이들의 몸이 성령의 전이므로 도덕적으로 순결할 것을 당부한다.[1]

이것은 아주 직접적인 말이다. 하지만 신예 율법주의자가 이와 같은 본문을 볼 때 그는 단순히 옷매무새를 단정히 하라는 명령 그 이상을 발견할 것이다. 이것은 너무 단순하기 때문이다. 도덕적 순결의 필요에 대한 이견이 아니다. 그것은 당연한 이야기다. 다만 그것만으로는 충분하지가 않다. 그는 이 본문이 암시하는 또 다른 사실과 자신이 어떻게 하면 그것을 온전히 이해할 수 있을지, 그리고 자신의 순종을 어떻게 다음의 수준으로 끌어올릴 수 있을지를 알고 싶어한다.

따라서 이것에 지나친 의미를 부여해 체력 관리의 성경적인 의무, 보디아트와 피어싱, 성형 수술 금지, 혹은 언제나 최상의 외모와 성공적이고 배색을 고려한 옷차림은 물론 양치질까지 완료한 모습을 유지해야 한다는 지시로 해석하기 쉽다.

율법주의의 논리

한편으로 이와 같은 추가적 적용들은 타당하다. 율법주의자와의 논쟁이 언제나 어려운 이유가 여기에 있다. 이들이 추가하는 규칙들과 울타리들은 언제나 성경적인 명령이나 원리의 논리적 확장을 기초로 한다.

예를 들어 율법주의적 시각으로는 만일 우리의 몸이 성령의 전이라면 하나님은 당연히 우리가 그것을 극도로 주의하여 다루기를 원하실 것이다. 따라서 이와 같은 본문은 규칙적인 운동과 적절한 식단, 충분한 수면에 대한 성경적 경고가 된다. 또한 뚱뚱한 사람들, 즉 영적으로 훈련되지 않고 하나님의 뜻 밖에 있는 것이 분명한 이들에 대한 고발이기도 하다. (이들의 이름이 스펄전이나 D. L. 무디가 아닌 이상은 말이다.)

똑같은 이유로 보디아트와 피어싱, 성형 수술이 금지된다. 예루살렘 성전의 외관을 낙서로 훼손하거나 성막을 재배열하지 않을 것이라면 왜 성령의 전을 훼손하거나 개조할 것인가? 따라서 이와 같은 본문은 우리의 몸을 그대로 두라는 명령이 된다.

　최상의 외모와 성공적인 옷차림을 유지하는 일은 어떠한가? 우리가 성령과 늘 함께 움직인다면, 최상의 모습을 유지하기 원하는 것은 당연하지 않을까? 주님이 조잡한 성전을 기뻐하시는 모습을 상상하기란 어렵다. 사실 이것은 학개서를 통해 하나님이 정확히 꾸짖어 알아듣게 말씀하셨다. 사람들이 자신의 집은 단장하는 반면 성전은 황폐해지도록 내버려두었다. 하나님은 이들에게 성전을 단장하라 말씀하셨다. 우리가 성령이 거하시는 전에 대해 그보다 못할 수 있겠는가?[2]

　사실 사도 바울이 이 모든 것을 어떻게 생각할지 나는 잘 모르겠다. 고린도 교회 교인들을 향해 신전의 창녀들을 더 이상 찾지 말고 음행을 피하라던 바울의 호소가 심장 강화 운동을 시작하고, 유기농 식품을 먹고, 치과를 방문하고, 최고의 의류점에 줄을 서야 한다는 지시 또한 포함했다는 사실을 알고 나면 그도 분명 충격을 받을 것이다. 하지만 이것이 율법주의가 일하는 방식이다. 이것은 성경에 철저히 순종하고자 하는 우리의 열정을 그것에 무언가를 은근히 더하는 것으로 둔갑시킨다. 우리의 관심을 성경이 진짜 말하는 것보다 우리가 생각하기에 성경이 의미하는 것으로 집중시킨다.

자유의 상실

　암시를 기초로 한 성경에 대한 이 같은 접근이 불러오는 최악의 문제들 중 하나는 이것이 그리스도 안에 있는 우리의 자유에 미치는 영향이다. 이것은 우리의 자유를 파괴시킨다. 어떻게 파괴시키는지를 한번 살펴보자.

성경으로부터 도출할 수 있는 타당한 암시들은 많다. 성령이 당신을 유도해 이들 중 일부를 당신의 삶에 적용하게 하셨을 수도 있다. 이것은 하나님이 자신과의 더욱 깊은 동행으로 우리를 이끄시는 방법 중 하나다. 하지만 성경의 암시를 개인적으로 적용했던 것이 다른 사람들을 판단하는 렌즈가 될 때, 무언가는 확실히 잘못된 것이다.

성경 속에 나오는 흑백이 뚜렷한 명령들에는 다른 해석의 여지가 없다. 성경의 명령들 중 무엇이 좋고 싫은지, 무엇에 동의하는지, 무엇이 시대에 뒤떨어졌다고 생각하는지를 우리가 선택할 수 없다. 우리에게는 거짓말하고, 도둑질하고, 모략하고, 가난한 자들을 무시하고, 복음을 숨기고, 우상을 숭배하고, 간음할 자유가 없다.

하지만 우리는 다른 많은 영역에서 자유를 누린다. 그리고 이 자유가 우리 안에 있는 신출내기 율법주의자를 미치게 한다. 성령이 우리의 삶에 무엇을 하도록 혹은 무엇을 하지 않도록 분명한 부르심을 부여하신 이상 우리는 왜 다른 이들이 동일한 메시지를 받지 못했는지에 대해 이해하지 못한다.

우리가 신중히 연구해온 말씀과 문제들도 마찬가지다. 우리가 어떠한 문제를 꼼꼼히 연구했고 그것에 대하여 깊이 생각했고, 기도했으며, 또한 하나님이 우리에게 무언가를 드러내셨다고 믿고 있을 때 우리는 성령의 인도를 받고 그 분문에 대하여 지적 양심을 지닌 사람이라면 누구나 자신과 같은 결론에 도달할 것이라고 추측한다. 하나의 본문에 대해 두 가지 상반되는 적용을 기뻐하시는 하나님을 상상하지 못한다.

우리 중 어떤 이들에게는 충격이겠지만 하나의 말씀에 두 가지 상반된 적용이 있을 수 있다. 우리가 생각하는 것보다 훨씬 더 많은 경우가 그렇다. 이러한 사실을 이해하기란 굉장히 어려울 수 있다. 하나님이 보시기에는 그다지 중요하지 않은 문제들로 우리가 그분이 기뻐하시는 형제자매들을 그토록 쉽게 비난하고 폄하하고 또 그들과 멀어지는 이유가 여기에 있다.

이것은 새로운 일이 아니다. 초대 교회도 같은 함정에 빠졌다. 이들이 중요시하는 쟁점은 달랐다. 이들은 식단과 예배를 두고 서로 다투었다. 하지만 이들의 바보 같은 생각과 적절하지 못한 반응은 우리와 놀랍게도 비슷했다. 각각의 입장에는 이들이 선호하는 본문과 자신의 주장을 증명하기 위한 논쟁이 있었다. 이들은 **올바른** 정답을 알고 싶어했다.

식단 전쟁

어떤 이들은 우상에게 바쳤던 고기를 먹는 것을 통탄스럽게 여겼다. 이들은 우상 숭배를 금한 구약의 구절들을 가리켰다. 귀신에게 바쳤던 음식을 먹는 것을 이교도의 제사에 간접적으로나마 참여하는 것으로 생각하는 것이다. 시장에 유통되는 대부분의 고기가 이교도의 신전을 통해 나오는 까닭에 이들은 도박을 하느니

아예 고기를 먹지 않는 편이 현명한 일이라 단정 지었다.

이러한 규칙을 어리석게 생각한 사람들도 있었다. 이들은 우상을 사람의 손으로 만든 무력한 형상일 뿐이라고 선언한 본문들을 가리켰다. 이들은 우상 숭배를 금하는 명령이 다른 사람의 손으로 이방 신에게 바쳐졌을 수도 있고 그렇지 않았을 수도 있는 고기 한 조각을 먹는 것과는 아무런 상관이 없음을 주장했다.

안식일 전쟁

안식일에 대한 적절한 반응에 관해서도 다툼이 있었다. 헬라 그리스도인들이 유대인의 안식일을 지켜야 하는지에 대해 양측은 격렬하게 부딪혔다.

많은 유대 그리스도인들은 거룩한 날을 지키는 것을 협상 불가능한 문제로 믿었다. 이들은 하나님의 백성을 명하여 안식일을 기억하여 거룩하게 지키라 하신 구약 속 많은 본문들을 비롯하여 이들이 불순종했을 경우 이스라엘 민족에게 임했던 재앙들을 구체적으로 묘사한 다른 본문들을 가리켰다.

많은 헬라 그리스도인들은 의견을 달리했다. 이들은 예수님이 안식일의 율법을 포함하여 구약의 율법들을 모두 성취하셨다고 주장했다. 유대의 율법, 무엇보다 구원의 능력이 없는 율법을 자신이 왜 지켜야만 하는지 이들은 그 이유를 찾지 못했다.

놀라운 대답

이와 같은 분쟁을 해결하고자 쓴 편지에서 사도 바울은 누구도 예상치 못한 한 가지 대답을 제시했다. 그는 이들의 모든 대답이 하나님께 좋다고 말했다. 우상에게 바쳤던 고기를 먹는 이들에 대해서도 하나님은 아무런 문제를 제기하지 않으셨다. 하나님은 야채를 고집하는 이들 역시 기뻐하셨다. 모든 유대 안식일들을 꼼꼼히 지켜온 이들을 선하게 여기셨고, 모든 날을 동일하게 대우한 이들 또한 기뻐하셨다.

바울에게 이것은 그리스도 안에 있는 자유의 문제였다. 성경은 우상에게 바쳤던 고기를 먹는 것에 대해 어떠한 설명도 제시하지 않고, 헬라인들이 유대인의 안식일에 참여해야 한다는 말도 하고 있지 않기 때문에 이들에게는 성령의 인도와 자기 양심의 안내를 따라 이것을 스스로 이해할 자유가 있었다.

하지만 하나님이 기뻐하시지 않는 한 가지가 있었다. 양측이 서로에게 보인 무례함이다. 좀 더 엄격한 신자들은 고기를 먹고 모든 날을 똑같이 대하는 사람들을 **판단**한 반면, 좀 더 편안한 마음의 신자들은 자신의 생각으로는 초조해하고 불필요하게 엄격한 사람들을 **멸시의 눈으로 바라보았다**.

바울은 양측 모두에게 뒤로 물러나라 말했다.[3]

사람들을 판단하는 것과 멸시의 눈으로 바라보는 것 사이의 차이를 놓치지 마라. 이것은 중요하다. 오늘날도 여전히 일어나고 있는 일이다. 자신의 믿음을 엄격하고 규칙을 기초로 한 형태로 표현하기를 좋아하는 사람들은 자신의 규칙을 따르지 않거나 그 기준에 도달하지 못하는 사람들을 판단하고 정죄하는 경향이 있다. 이들이 정말로 구원받았는지 의심할 때도 있다. 반면 이러한 규칙과 기준을 불필요하게 여기는 사람들은 이것들을 지켜야 한다고 주장하는 이들을 혐오와 멸시의 눈으로 바라보는 경향이 있다. 우리는 이들을 초조해하고 편협한 사람들이라 치부한다.

바울의 권면에 따르면 두 반응 모두가 철저히 잘못되었다.

우리에게는 하나님이 인정하신 사람들을 판단할 권리가 없다.

우리에게는 하나님이 사랑하시는 사람들을 멸시의 눈으로 바라볼 권리가 없다.

이것을 이해하는 법

성경의 분명한 명령이라도 거기에는 우리가 스스로 이해해야 할 미묘한 적용이 남아 있을 수 있다.

예를 들어 선한 사마리아인 이야기는 우리가 이웃을 내 몸과 같이 사랑할 것을 명령할 뿐 아니라 **이웃**의 정의가 심지어 우리의 원수까지도 포함한다는 사실을 분명히 한다. 나는 이웃을 내 친구들, 혹은 나와 비슷하거나 내가 좋아하는 사람들로만 제한할 수 없다. 이 본문의 의미는 확실하고 분명하며 모호하지 않다.[4]

그런데 나는 어디까지 순종해야 하는 걸까? 지역 뉴스를 통해 어떠한 필요를 듣게 될 때마다 뛰쳐나가 도와야 하는 걸까? 화려한 언변을 뽐내는 모금 운동과 대중매체의 광고를 통해 알게 된 곤경에 빠진 이들을 내가 모두 책임져야 할까? 솔선해서 도움이 필요한 사람들을 찾아 나서야 하는 걸까? 나의 이웃이란 세상 모든 사람을 포함하는 것일까, 아니면 예수님은 다만 내가 매일의 일상생활 속에서 마주치는 사람들을 말씀하신 것일까?

어려운 질문들이다. 우리 모두에게는 조금씩은 다른 대답들이 있다. 그리고 많은 경우 우리는 자신의 대답에 확신을 가진다. 이와 같은 본문이 특별히 율법주의적인 영에 치우치기 쉬운 이유다. 내 대답이 다른 사람들을 판단하는 정답이 되기 쉽다.

하지만 내 개인적인 확신이 얼마나 확고하든 그 본문에 대한 나의 적용은 어디까지나 **나만의** 적용일 뿐이다. 다른 무엇으로 둔갑시킨다면 이것은 그리스도 안에 있는 자유를 약화시킨다. 오만하게도 성령의 권위를 빼앗는다. 나를 고대 그리고 우연한 바리새인들이 오랫동안 머물렀던 율법주의의 땅으로 내려가게 한다.

사도 바울이 서로 다툼이 있는 로마 교회 교인들에게 "네게 있는 믿음을 하나님 앞에서 스스로 가지고 있으라" 하고 이른 것도 아마 이러한 이유에서일 것이다. 결국 우리는 이와 같은 문제들을 본문과 씨름하고 성령의 인도하심에 귀를 기울이는 가운데 스스로 깨달아야만 한다. 그렇지 않을 경우 그리스도 안에 있는 자유는 냉혹하고 일률적인 영성으로 밀리고 대체된 공허한 화두로만 남게 될 것이다.[5]

인애의 죽음

율법주의의 가장 어둡고 위험한 측면

율법주의와 관련하여 절대적인 최악은 이것이 인애mercy에 미치는 영향이다. 율법주의는 인애를 제쳐두고 앞서 나간다. 인애가 가장 필요한 사람들을 그냥 내버려둘 뿐 아니라 인애를 베푸는 사람들을 복음을 희석하는 영적 타협자들이라 책망한다.

율법주의자들에게는 언제나 인애의 적용이 원칙을 저버리는 것으로 보였기 때문이다. 이들은 인애의 **개념**은 좋아하지만, 이것의 시기와 대상은 제한하고 싶어한다. 이와 같은 선택성은 안식일을 두고 예수님이 바리새인들과 끊임없이 벌이신 싸움이 가장 잘 묘사해준다. 예수님이 안식일에 누군가를 치유하실 때마다 바리새인들은 분노했다.

예수님이 즐겨 거신 싸움

예수님은 안식일을 둘러싼 규칙들을 즐겨 어기셨다. 그것을 어찌나 즐기셨는지 때로는 안식일에 병자들을 치유하시는 것도 모자라 그것을 과시하심으로 의도적으로 싸움을 걸기도 하셨다.[1]

십계명의 제4계명은 안식일에 일하는 것을 금지한다.[2] 하지만 **일**은 다른 해석의 여지가 있는 모호한 용어다. 따라서 종교 학자들은 하나님을 도와 이것의 정확한 정의를 내리기로 자청했다. 이들은 무엇이 일이고 일이 아닌지, 당신이 얼마나 걸을 수 있는지, 무엇을 운반할 수 있는지, 누구를 도울 수 있는지, 그리고 무엇이 다음 날까지 기다려야 할 일인지를 결정했다.

예를 들어, 이들의 결정에 따르면 당신의 가축이 구덩이에 빠졌을 경우 그것의 생명을 구하기 위해 끌어내는 것은 가능했다. 이것은 일이 아니었다. 하지만 의료 행위는 일에 해당됐다. 따라서 당신의 친구가 아프다고 해도 당신은 친구에게 약을 줄 수도, 그의 회복을 위하여 (기적적인 치유를 포함한) 무엇도 할 수 없었다. 안식일이 끝날 때까지 기다려야 했다.

바리새인들을 나무라기 어려운 이유

역사에 대한 때늦은 지혜를 가지고, 바리새인들의 냉담한 엄격함을 조롱하고 나무라기는 쉽다. 하지만 이야기의 결말을 알지 못하는 당시 군중의 하나였다면, 나는 어느 편에 서 있었을까?

정신을 번쩍 들게 하는 질문인데, 솔직하게 말해 바리새인들의 가치와 논리, 이들이 예수님과의 논쟁에서 사용하는 이유는 나 자신의 것과—혹은 하나님과 그분의 영광, 성경에 깊이 헌신된 우리 중 여느 사람들의 것과—별반 다르지 않기 때문이다.

먼저, 이들은 성경에 철저히 순종하고자 했다. 빠져나갈 만한 구멍이나 피할 만한 길을 찾은 것이 아니었다. 가능한 한 가장 높은 기준에 부응하고자 노력했다. 이러한 여정이 자신이나 다른 사람들에게 고통과 괴로움을 준다고 해도 상관없었다. 그것은 의를 추구하기 위해 치러야 할 작은 대가였다.

둘째로, 이들의 규칙은 오늘날 우리에게 비치는 바와는 전혀 달리 자의적이지 않았다. 바리새인들이 만들어낸 규칙이 아니었다. 이들의 규칙은 철저하게 성경 연구를 기초로 했다. 수많은 시간 동안 토론이 뒤따른 결과였다. 모든 규칙은 신중하고 미묘한 차이의 논리로 뒷받침되었다. 누구도 바리새인들이 성경을 가볍게 다룬다거나 하나님의 것들에 무신경하다는 이유로 고소할 수 없었다.

셋째로, 예수님이 안식일에 치유하신 사람들 중에는 심각한 위험에 처한 이가 없었다. 이들은 모두 해가 질 때까지 기다려도 무방했다. 그렇다면 예수님은 왜 기다리지 않으셨을까? 바리새인들의 관점에서 본 예수님은 인간의 즉각적인 필요를 말씀에 대한 신실한 충성과 하나님에 대한 두려움보다 우위에 두시는 것이 분명했다.

"인애가 합당치 않은" 사람들에게

예수님은 여기에 신경쓰지 않으셨다. 이들의 논리에 귀를 기울이지도 않으셨다. 이들의 시간표에 맞추려고 자신의 인애를 미루지도 않으셨다. 대신 다음의 주장을 분명히 하시고자 싸움을 거셨다. 하나님 나라에서는 인애가 언제나 제사를 이긴다는 사실이었다.[3]

여기에 대부분의 사람이 놓치는 중요한 사실이 있다. 예수님은 자신의 인애를 단순히 곤경에 빠진 사람들에게만 적용하지 않으셨다. 모든 장소에서 모든 사람에게 풍성하게 베푸셨다. 맹인이나, 다리 저는 자나, 지체가 불완전한 자들의 필요는 안식일의 율법에 대한 엄격하고 희생적인 충성보다 더 중요했다. 단순히 배가 고픈 사람들의 필요 역시 마찬가지였다.

한번은 안식일에 밀밭 사이를 지나던 예수님의 제자들이 이삭을 잘라 그것을 손으로 비벼 먹었다. 이 모습을 본 바리새인들은 질겁을 하고 나섰다. 안식일에 일하지 말라는 성경의 금지는 특별히 추수를 포함했다.[4] 이삭을 잘라 손으로 비벼 내용물을 먹는 단순한 행위라 해도, 이것은 분명 추수의 한 형태였다.

바리새인들은 예수님이 이것을 즉시 멈추게 하시리라 기대했다. 하지만 예수님은 어떤 행위도 취하지 않으셨다. 바리새인들은 더욱 언짢아졌다. 바리새인들의 관점에서 보면 제자들의 배고픔은 안식일의 율법에 대한 명백한 위반을 정당화해줄 만한 핑계가 아니었다. 몇 시간만 기다리면 될 일이었다. 굶어 죽지는 않을 것이기 때문이다. 안식일이 지나면 이들은 원하는 대로 먹을 수 있었다.

솔직히 나는 바리새인들의 주장이 타당하다고 생각한다. 이들의 입장이 이해가 된다. 내가 그곳에 있었다면 나는 아마도 이들의 입장에 동의했을 것이다. 단언하건대 당신도 그러했을 것이다. 그런데 여기에는 한 가지 문제가 있다. 예수님이 이들에게 동의하지 않으셨다는 점이다.[5]

다윗의 삶이 전해주는 교훈

예수님은 바리새인들이 좋아하는 영웅들 중 하나인 다윗 왕의 이야기로 이들의 반대를 물리치셨다. 왕이 되기 전 다윗과 그 일행은 사울 왕의 맹렬한 추격을 피해 도망 다니고 있었다. 하루는 이들이 굶주리고 지친 몸으로 하나님의 집에 들어가 먹을 것을 청했다. 안타깝게도 제사장에게 남은 것은 약간의 진설병―즉 매주 구워져 하나님께 바치는 거룩한 떡―뿐이었다. 진설병은 제사장과 그의 식솔들만 먹을 수 있었다.

다윗과 그 일행은 굶주림이 극에 달해 있었기 때문에, 이들은 두 가지 선택을 할 수 있었다. 금지된 진설병을 먹든지 아니면 굶주림에 쓰러져 사울 왕의 일당에게 잡혀 죽임을 당하든지 하는 것이었다. 결국 이들은 진설병을 먹고 길을 떠났다.[6]

이들의 행동은 분명 금지된 것이었다. 이미 많은 사람들이 시도한 바 있지만, 이야기를 비틀어 사실을 사실이 아닌 양 만들 수는 없다. 다윗 일행의 행위는 레위기가 설명하는 규정을 명백히 위반했다.[7] 하지만 예수님께는, 냉혹하고 엄격한 희생을 통해 율법을 준수하기보다 언제나 인애가 앞서야 한다는 하나님의 우선순위와 중요성을 드러내는 완벽한 예시였다.

예수님은 바리새인들이 이것을 반대로(율법주의자들은 언제나 그렇다) 이해하고 있음을 분명히 하셨다. 사람이 안식일을 위하여 있는 것이 아니다. 안식일이 사람을 위하여 있는 것이다. 안식일은 사람들의 삶을 더 낫게 하기 위하여 주신 선물이자, 심고 거두느라 정신없이 바쁜 사람들에게 보장된 안식의 날이었다. 사람들이 하나님을 위해 얼마나 포기할 수 있는지를 시험하려고 만든 날이 결코 아니었다.

제한이 없는 인애

놀라운 사실이자 율법주의자들이 곧잘 간과하는 것은 예수님이 다윗과 진설병의 교훈을 위기 상황에만 제한하지 않으셨다는 사실이다. 일시적인 배고픔을 채우려고 해가 질 때까지 몇 시간씩 기다리기보다 안식일에 이삭을 잘라먹은 자신의 제자들을 옹호하는 데 예수님은 이것을 사용하셨다.

하지만 이것이 핵심이었다. 정말로 인애가 제사보다 중요하다. 이것은 상투적인 문구가 아니다. 실제로 그러하다. 이것이 천국의 원리다. 하나님이 원하시는 바다. 모든 곳에 적용되어야 한다. 심지어 이것이 종교적 엘리트들을 미치게 만든다고 해도 말이다.

여기에서 우리는 예수님의 인애와 현대 율법주의자의 인애 사이의 차이점을 가장 분명히 보게 된다. 율법주의자들도 인애를 베푼다. 하지만 이들이 베푸는 인애에는 제한이 있다. 이들은 해외에 살고, 힘든 역경을 마주하고, 아직 예수님을 알지 못하는 사람들에 대해서는 풍성한 인애를 품는다.

하지만 그리스도 안에서 힘겹게 분투하는 형제자매들에 대한 인애는 거의 없다. 연약하고 비틀거리는 이들을 향한 연민도 거의 느끼지 못한다. 이러한 사람들에 대해서는 냉혹하게 꾸짖고, 어서 우리를 따라잡으라며 따끔하게 훈계하는데, 종종 이들이 참된 그리스도인일 수도 있다는 사실까지도 부인하는 경우도 있다.

불행하게도 더한 열심과 열정을 갖게 될수록 우리는 냉혹한 율법주의의 함정으로 더욱 쉬이 빠져들게 된다. 지키기 어려운 금언에만 너무 집중한 나머지 예수님이 자신의 무리 중 가장 연약하고 취약한 자들에게 보이셨던 지극한 연민과 인애는 놓치고 만다.

고대의 바리새인들과 우연한 바리새인들 모두에게 인애는, 다른 제자들에게는 베풀기 두려운 것이다. 이들이 이것을 악용하거나 미온적인 순종을 하며 살아도 좋다는 허락으로 여길까 우려스럽다.

예수님은 아니셨다.

예수님은 실패하고, 거부하고, 혹은 뛰어내리기가 너무 두렵다거나, 아직은 납득이 덜 되었다는 이유로 중립적인 태도를 취하는 이들에게도 지속적으로 자신의 풍성한 인애와 도움의 손, 그리고 또 다른 기회를 건네셨다. 이것은 연약함이 아니었다. 타협도 아니었다. 과도하고, 과분하고, 관대한 인애였다.

하지만 우리가 율법주의에 사로잡힐 때, 이러한 종류의 인애는 연약함이나 타협하는 것으로 치부된다. 우리는 더 이상 의심하고 부인하는 자들, 숨은 제자들, 사다리를 타고 올라오는 자들, 이해하지 못하거나 최전방에 따라붙지 못하는 자들을 위한 여지를 남겨두지 않는다. 우리는 순결한 교회를 원한다. 따라서 이런 자들을 쫓아버린다.

우리가 감사해야 할 것은, 예수님은 다른 길을 택하셨다는 사실이다.

4부를 위한 토의 질문

율법주의

1. 시험하는 기독교는 율법주의의 위험한 유형으로 다른 참된 그리스도인들을 가짜 그리스도인으로 단정 짓게 할 수 있다. 우리가 빠지기 쉬운 함정이다.

    a. 당신은 시험하는 기독교의 명료하게 구분 짓는 선에 자연스럽게 이끌리는 편인가, 아니면 혐오감을 느끼는 편인가? 왜 그렇다고 생각하는가?

    b. 만일 있다면 10장에 나열된 무리 중 당신이 어디에 가장 잘 어울린다고 생각하는가? 당신이나 당신의 무리가 즐겨 사용하는 또 다른 시험법이 있는가? 있다면 나열해보라.

2. 4부에서 우리는 오래된 율법주의와 새로운 율법주의 모두를 살펴보았다. 당신이나 당신의 교회가 이들 중 무엇에 더욱 큰 유혹을 느낀다고 생각하는가? 왜 그런가? 이것에 동반되는 위험에는 무엇이 있는가?

3. 이전의 바리새인들은 하나님을 돕고자 말씀에 무언가를 더했다. 당신의 신앙 여정을 돌아볼 때 다음과 같은 사람들을 만나본 적이 있는가?

    a. 말씀에 무언가를 더하는 사람? 그렇다면 그는 어떤 식으로 그렇게 했는가?

b. 암시를 명령으로 둔갑시키는, 즉 어떤 본문의 개인적인 적용을 모든 이를 위한 보편적인 규칙으로 만들어버리는 사람? 이것도 예를 들어 보라.

4. 신약 시대의 식단 전쟁과 안식일 전쟁으로부터 우리가 도출할 수 있는 교훈은 무엇인가?
    a. 신약의 식단 전쟁과 안식일 전쟁의 현대판에는 무엇이 있을까?
    b. 로마 교회 교인들에게 이른 바울의 지시가 이러한 현대의 문제들에는 어떻게 적용될 수 있을까?

5. 때로 지나치게 풍성한 인애를 보일 경우, 이것이 타협과 미온적인 순종으로 이어질 것이라는 두려움이 우연한 바리새인들을 몰아간다. 하지만 실제로 우리에게는 어떤 죄는 다른 죄에 비해 인애가 덜 합당하다고 생각하는 경향이 있다. 이것이 무엇 때문이라 생각하는가? 당신이 인애를 베풀기 가장 어려워하는 죄는 무엇인가?

과거의 숭배
이상이 현실을 왜곡할 때

Accidental Pharisees

13장

장밋빛 기억의 문제
지금이 좋았던 지난날일 수 있다

●

 많은 사람이 장밋빛 안경을 통해 과거를 바라보려는 경향이 있다는 사실을 알고 있는가? 과거의 이성 친구이든, 고교 시절 잘나갔던 날들의 기억이든, 이전 세대의 도덕심이든, 혹은 초대 교회에 대한 우리의 이미지 등 우리에게는 과거를 실제보다 훨씬 나은 모습으로 기억하려는 경향이 있다.

 한편으로 생각해보면 이것은 좋은 것이다. 과거의 상처와 부당함을 곱씹는 데 시간을 보내고 싶은 사람이 누가 있겠는가? 나 역시 나쁜 시절보다는 좋은 시절을 기억하고 싶다. 나는 때로 어제의 고통을 기억해내기가 어렵다는 사실에 감사한다.

 하지만 우리의 장밋빛 기억이 유해한 결과를 낳을 수도 있다. 이 기억이 현재의 아름다움을 보지 못하게 할 수 있기 때문이다.

현실을 왜곡할 수도 있다. 거룩하지 못한 불만족을 품게 하고, 이럴 경우 모든 잔은 절반이 비워진 것처럼 보이고, 미래를 향한 우리의 꿈은 실재하지 않는 과거를 향한 갈망에 그치고 만다.

나는 낭만화된 기억이 결혼생활을 망치는 경우를 여러 번 봤다. 결혼생활에 지루함을 느끼는 남편과 아내들이 페이스북이나 고등학교 동창회를 통해 옛 애인과 연락을 주고받기 시작한다. 현재 생활의 무료함을 과거의 이상화된 기억과 비교한 후, 어제의 영광을 되찾기 위해 힘들고 단조로운 오늘을 벗어던진다. 불행하게도 이전의 관계가 끝났던 **이유**는 늘 잊어버리는 듯하다. 그러나 보통은 얼마 지나지 않아 그것을 기억해낸다. 그즈음이면 이미 때는 늦었다. 이들은 백투더퓨처의 악몽에 사로잡히고 만다.

나는 또한 낭만화된 과거로의 끈질긴 추구가 가족을 대체하고, 생업을 제쳐두고, 재정을 탕진하게 하는 것을 본 적이 있다. 이것이 교회를 분열시키고, 만족하지 못하게 하고, 유산을 말살하기까지 한다. 전도서의 저자가 다음과 같이 기록한 것은 이 때문일 것이다. "'옛날이 오늘보다 나은 것이 어찜이냐?' 하지 말라. 이렇게 묻는 것은 지혜가 아니니라."[1]

그는 우리가 너무나도 빨리 잊는 것, 즉 지금이 "좋았던 지난 날"이라는 사실을 알고 있었다. 혹은 오래지 않아 그렇게 될 것이라는 사실을 말이다.

이상주의의 축복과 저주

이것이 왜 맞는지는 잘 모르겠지만, 열정적 믿음은 종종 열심 있는 이상주의와 과거에 대한 낭만화된 견해를 동반한다.

우리의 이상주의는 축복이 될 수 있다. 건전한 이상주의는 우리를 독려해 상황을 변화시킨다. 현재의 상황에 운명론적으로 안주하거나 그것을 받아들이지 않도록 하는 것이다. 가능성과 **의무**를 끈질기게 좇도록 하는 동력이 되기도 한다. 이상주의는 말도 안 되는 꿈을 현실로 바꾸어줄 연료를 제공한다.

하지만 다른 편에서 보면 이상주의는 저주가 될 수도 있다. 과거에 대한 부정확하고 지나치게 낭만화된 견해로부터 흘러나올 경우, 이것은 이전에 존재하지 않았던 것에 대해 간절히 갈망하게 되고, 그것이 무엇이든 현재의 것에 대해서는 깊은 실망으로 이어질 수 있다.

아마도 당신 주위에는 이전의 모든 것이 더 나았다고 확신하는 탓에 현재를 전혀 즐기지 못하는 친구들이 있을 것이다. 이들은 잡을 수 없는 토끼 인형을 좇는 경주로 위의 사냥개들과 같다. 완벽한 결혼생활, 화목한 가족, 이상적인 직업, 혹은 완벽한 교회를 향한 이들의 무한한 추구는 끝없는 불만족을 남길 뿐이다.

하지만 끝없는 불만족이 이상주의의 장밋빛 기억이 낳는 최악의 결과는 아니다. 보다 심각한 것이 있다. 냉소주의, 즉 모든 문제와 모든 사람에 대해 부정적이고 냉혹한 비평을 퍼붓는 것이다. 냉소주의는 강화된 이상주의다. 잘못된 것에는 독수리 같은 예리한 눈을, 훌륭한 것에는 박쥐 같은 어두운 눈을 가진다. 예수님 시대의 종교 지도자들은 전형적인 냉소가들이었다. 이들은 오랫동안 선지자들을 죽여왔고, 이후에는 이들의 이름으로 추모비를 세웠다.[2]

오늘날의 영적 엘리트들도 별반 다르지 않다. 이들 역시 냉소적인 경향이 있다. 누구를 죽이지는 않지만, 특별히 이들이 비평하기 좋아하는 세 가지 동네북, 즉 교회, 교회 리더들, 그리고 현대 문화에서 문제를 찾아내는 일에는 뛰어난 재주를 가졌다. 이들의 비평을 읽거나 들으면 교회와 우리가 살고 있는 세계에 대해 우울함과 분노를 느끼지 않을 수 없다.

하지만 미래에 대한 모든 소망을 내려놓기 전 냉소주의자들이 결코 이야기하지 않는 두 가지 사실을 기억할 필요가 있다. 첫째로 이들은 교회와 교회 리더들, 그리고 문화가 수세기 동안 매서운 비판의 표적이었다는 사실을 언급하지 않는다. 이것은 전혀 새로운 것이 아니다. 두 번째로 이들은 창세기 3장 이후 **모든** 것이 망가졌다는 사실을 잊은 듯하다.

따라서 교회와 교회 리더들, 그리고 문화가 정말로 알려진 것처럼 심각하고, 또한 과거가 모든 사람이 말하는 것처럼 대단한지 알아보기 위해 자세히 살펴보도록 하자.

교회

오늘날의 교회가 완벽하지 않다는 사실에는 의문의 여지가 없다. 과거 특별히 신약을 통해 읽는 초대 교회와 비교할 때, 오늘날의 교회에는 칭찬할 것이 많지 않은 듯하다.

하지만 교회는 언제나 엉망이었다. 오십 년 전이나 백 년 전, 심지어 오백 년 전까지도 우리는 당시의 교회들을 요한계시록에 나오는 라오디게아와 에베소 교회(예수님이 나무라셨던 비참한 두 교회)에 비유하며 조롱했던 당대의 수많은 교회 비평가들을 찾아볼 수 있다.[3]

예로 오백 년 전 교회는 겨우 명맥만 유지하고 있는 듯했다. 성경은 전통과 의례라는 수많은 층 아래에 묻혀 교회 좌석에 앉은 누구도 그것이 실제로 말하는 바를 알지 못했다. 교회는 돈에 지나치게 집착한 나머지 어떤 지도자들은 기부금을 받고 죄를 용서하고, 천국행 무임승차권을 제공했다. 이것은 분명 좋았던 과거가 아니다.

백 년 전 자유주의의 태풍이 신학교들과 명망 있다는 강단들을 휩쓸고 지나갔다. 규모가 크고 영향력이 높은 사역의 강단에는 초자연적인 것을 부인하고, 믿음의 근본을 거부하며, 성경의 확실성을 의심하는 목회자와 신학자들이 세워졌다. 이들은 현대적 감성에 잘 맞게 고안된 생략된 복음을 주장했다. 다시 한 번, 이것 역시 좋았던 과거처럼 들리지는 않는다. 우리 중 누구도 이 시기로 돌아가고 싶은 사람은 없을 거라 생각한다.

그리고 고작 오십 년 전 학자들은 교회가 문화에 무심함을 한탄했다. 많은 사람들이 지역 교회에 여전히 미래가 있는지를 의심했다. 시사주간지 「타임」에서는 표지에 다음과 같은 질문을 걸었다. "신은 죽었는가?"⁴ 전문가들은 명제적 진리의 종말과 설교보다는 대화의 필요성, 그리고 대부분이 15-20분 이상의 설교를 기꺼이 참고 견디려 하지 않을 것이라는 예측을 내놓았다.

하지만 이들의 예측은 틀렸다. 모든 결점과 결함에도 불구하고, 지역 교회에는 미래가 있었다. 우리가 이것에 놀라선 안 된다. 예수님이 자신의 교회를 세우실 것과 음부의 권세가 그것을 이기지 못할 것을 말씀하셨기 때문이다.⁵

역사를 통해 교회가 종말을 맞이하려는 순간마다 하나님은 무언가를 준비하고 계셨다. 오백 년 전에는 그것이 종교개혁이었다. 백 년 전에는 성경학교운동과 복음주의의 발흥이 있었다. 오십 년 전에는 예수 운동(기성 교회나 종파에서 독립해 예수 그리스도의 가르침을 중시하는 미국 청년들의 기독교 운동—옮긴이)이었다. 나는 그분에게 오늘을 위한 계획도 있으시리라고 확신한다. 이천 년 교회 역사와 교회를 세우신 이의 분명한 약속이 내게는 커다란 소망이다.

교회 리더들

오늘날 목회자들과 영적 리더들 역시 완벽하지 않다는 사실에는 모두가 동의할 것이다. 자아와 탐욕, 영역 다툼, 교리적 실수, 죄와 같은 두드러진 예를 찾기 위해 애쓸 필요도 없다. 전국적으로 유명한 강사나 지방에서 힘겹게 일하는 익명의 리더들 모두 육신의 정욕과 안목의 정욕, 이생의 자랑과 고군분투한다.⁶

다시 한 번 말하지만 이것은 전혀 새로운 일이 아니다. 하나님은 언제나 굽은 지팡이를 사용해 올곧은 선을 그어오셨다. 아브라함은 거짓말쟁이였고, 모세는 살인자였으며, 다윗은 간음했고, 베드로는 예수님을 부인했다.

그러나 시간이 지남에 따라 이상한 일이 일어난다. 지팡이에서 멀어질수록 우리가 올곧은 선이 그려진 이유를 (하늘의 예술가보다는) 지팡이에서 찾으려 한다는 사실이다. 반면 굽은 지팡이에 가까워질수록 올곧은 선을 보기란 더욱 어려워진다.

따르는 이들이 많거나 천국의 영향력을 상당하게 행사하는 목회자들과 사역 리더들은 아주 샅샅이 조사된다. 이들의 작디작은 결점이나 결함들은 현미경 아래에서 철저한 검증을 거친다. 말실수를 하거나, 잘못된 행동을 하고, 거짓을 믿거나 가르치는 일, 혹은 죄가 드러난 유명인사들에게는 화 있을진저. 블로거들의 눈이 환하게 빛나고 있다. 아주 작은 실패도 굉장히 빠르게 입소문이 난다.

적어도 이들이 죽을 때까지는 그렇다. 그 이후에는 모든 것이 변한다. 시간이 지남에 따라 우리는 이들의 좋은 부분은 확대하고, 나쁜 부분은 잊기 시작한다. 머지않아 이들의 생애와 사역을 연구해 박사 학위를 받을 수도 있다. 살아 있는 동안 크게 비판받았던 이들은 죽은 지 수십 년이 지나 자신의 이름을 딴 신학교와 교단, 컨퍼런스 장소를 얻게 된다. 이것이 우리가 추모비를 세우는 방식이다.

이러한 양식은 교부 시대로까지 거슬러 올라간다. 우리는 이들을 존경한다. 하지만 몇몇은 우리의 교회들로부터 추방당할 만한 신학적 견해를 가지고 있었다. 만일 이들이 오늘날 살아 있다면 주일학교 교사로도 섬기지 못했을 것이다. 그러나 당시 하나님은 이들에게 자신의 교회를 이끌도록 허용하셨다.

그 후 천 년 뒤의 장 칼뱅과 같은 사람을 생각해보자. 칼뱅은 수많은 글을 남긴 작가이자 심오한 신학자였다. 그러나 그 역시 삼위일체를 부인하고 유아세례를 강력히 반대한다는 이유에서 자신의 대적자들 중 한 명을 고문하고 화형으로 죽이는 걸 허용했다. 아무리 생각해보아도, 이것은 옹호하거나, 정당화하거나, 해명하기 어려운 일이다. 하지만 여전히 칼뱅은 우리 시대 가장 많이 인용되고 존경받는 신학자로 남아 있다.

아니면 마르틴 루터를 자세히 살펴보라. 그의 반유대주의적 글들은 당혹스러울 정도다. 하지만 대부분의 그리스도인이 자신의 신앙의 뿌리를 루터가 비텐베르크 교회 문에 내걸었던 95개 조 반박문에서 찾는다. 루터의 용기와 성경의 권위에 대한 그의 헌신이 아니었다면, 교회는 여전히 면죄부를 팔고 있을지도 모른다.

존 웨슬리, A. W. 토저, 혹은 월드비전의 설립자인 밥 피어스를 생각해보라. 이들의 결혼생활은 하나같이 참혹했다. 이들은 사역을 위해 가정을 방치했는데, 이것은 비극이고 죄였다. 그러나 이들은 여전히 믿음의 영웅들로 남아 있다. 이들이 성취한 좋은 것은 너른 명예를 얻은 반면, 이들의 실패는 이미 오래전에 잊혔다.

분명히 하나님은 이들 모두를 강력히 사용하셨다. 이들은 위대한 일을 성취했다. 하지만 동시에 심각한 결점을 지닌, 은혜로 구원받은 죄인들이었다. 하나님이 오늘날 사용하시는 현대의 교회 리더들도 마찬가지다. 이들은 깨어진 사람들이다. 죄인들이다. 때로는 커다란 실수도 범한다. 하지만 하나님은 자신의 은혜 가운데 이들을 지속적으로 사용하신다. 그분은 여전히 굽은 지팡이를 사용해 올곧은 선을 긋고 계신다. 예측하건대 예수님이 다시 오실 때까지 이 일을 멈추지 않으실 것이다.

문화

전문가들이 폄하하기를 즐기는 세 번째 동네북은 우리 시대의 문화다. 현재, 이것의 불경건한 궤도가 염려스러운 것은 사실이다. 다음에는 무엇이 다가올는지 걱정하는 것도 자연스러운 일이다. 더욱 심각한 것은 우리 문화의 핵심 가치가 교회로 침투했다는 사실이다.

그러나 다시 한 번, 이것이 새로운 일인가? 이천 년 동안 있어 왔던 일 아닌가? 사도 바울이 로마의 그리스도인들에게 하나님의 선하시고, 기뻐하시고, 온전하신 뜻을 분별하기 위해 이 세대를 본받지 **말고** 오직 마음을 새롭게 함으로 변화를 받으라고 당부해야 했던 것도 이 때문이 아닐까?[7]

회의론자들은 두 가지 함정에 빠진다. 이들은 문화가 일련의 선을 따라 움직이는 것처럼 미래를 투영하며, 동시에 과거를 부정확하고 낭만화된 렌즈를 통해 바라본다.

예를 들어, 베이비붐 세대는 반권위주의적이고, 대마초를 흡연하며, 무정부주의를 외치는 사람들로 남을 것이라 투영되어왔다. 누구도 이들을 SUV와 미니밴, 토니 바하마 셔츠를 위한 세대로 지목하지 않았다. 반면 X세대는 제대로 된 직업을 절대로 갖지 않을 게으름뱅이들로 지목되었다. 하지만 온라인 비즈니스가 이들 앞에 등장했을 때, 모든 것은 빠른 속도로 변화했다. Y세대는 박애주의자들로 구성된 공공심이 충만하고, 근면한 사회의 도래를 알렸어야 했다. 이것은 물론 이들이 창백한 얼굴로 퀘이크 게임에 중독되거나, 갱스터 랩퍼가 되고 싶어하거나, 엑스터시로 몽롱하지 않을 때의 이야기다.

가장 위대한 세대를 생각해보라. 실제 이들은 잃어버린 세대로 언론의 공격과 연장자들의 비판을 받았었다.[8] 신문의 헤드라인과 잡지의 표지, 정부의 연구들은 자신의 유익을 추구할 뿐 사회적 책임감은 없는 이 세대를 한탄했다. 미국 청년 위원회의 보고에 따르면 10만 명의 젊은이들 중 약 75퍼센트가 정신 불안으로 인한 건강상의 이유로 고통받고 있었다. 누구도 이 잃어버린 세대가 나중에 가장 위대한 세대로 불리리라고는 추측하지 못했던 듯하다.[9]

회의론자들의 과거에 대한 낭만화된 견해도 마찬가지다. 물론 당신이 교외에 거주하는 백인이었다면, 1950년대에는 흡족한 것들이 많이 있을 것이다. 하지만 당신이 버밍엄에 사는 흑인이었거나, LA 컨트리 클럽에 들어가고자 애를 쓰던 유대인이었거나, 포로수용소의 강제노동으로부터 회복 중이던 일본계 미국인 가정의 일원이었다면 이것이 좋았던 옛날, 아니면 그다지 무고하거나 성경적으로 올바른 나날은 아닐 것이다.

이 모두는 내게 대단한 침묵을 안겨준다. 미래에 대해 최악을 상상하려는 나의 성향을 중화시킨다. 하늘이 무너지고 있다고 주장하는 사람들의 합창에 함께하는 것을 주저하게 한다. 어쩌면 우리 시대의 불완전한 교회와 교회 리더들, 그리고 문화가 언젠가는 좋았던 옛날로 기억되고 애정 어린 눈으로 회상될 수도 있다는 소망을 건넨다.

14장

과거를 숭배하지 않고 과거로부터 배우다

신약 교회에 대한 솔직한 검토

과거로부터 배우지 않는 사람은 과거를 반복할 수밖에 없다는 말이 있다. 사실이다. 이러한 이유로 우리 그리스도인들은 신약 교회로부터 가능한 한 모든 것을 배워야 한다. 이들은 무엇을 잘 했는가? 어디에서 실수를 범했는가? 무엇이 하나님의 축복을 가져왔는가? 무엇이 반감을 샀는가?

과거로부터 배우기 위해서는 과거에 대한 정확한 그림이 필요하다. 불행히도 우리는 신약 교회의 실재와는 거의 연관이 없는 이미지를 갖고 있다. 우리가 상상하는 신약 교회는 성령의 불로 천하를 어지럽게 한 특별한 성도들로 가득 차 있으며, 이들은 예수님을 위해 힘든 길로 돌진한다. 그러나 이것은 사실이 아니다.

초대 교회는 오늘날의 교회와 마찬가지로 혼란스러웠다. 죄인들—용서받았지만 그렇더라도 죄인인 사람들—로 가득 차 있었다. 이들로부터 배우기 위해 우리는 사실을 알아야 하고, 그러기 위해서는 상투적인 문구와 추측, 선호하는 성경 구절들이라는 안개를 뚫고 지나와야 한다.

쉬운 일은 아니다. 그러나 중요하다.

많은 그리스도인과 마찬가지로 나 역시 신약 교회에 오랫동안 매료되었었다. 나는 고등학교 시절에 그리스도께로 나아왔고, 곧 사역자로 부르심을 받았다. 사도행전이 묘사하는 교회는 나의 마음을 자극했다. 내가 이제껏 경험한 것과는 완전히 다른 역동적이고, 순결하고, 온전히, 헌신된 모습이었다.

내가 목사가 되었을 때, 내 사역의 모델은 사도행전(특별히는 2장)이 묘사하는 초대 교회였다. 나는 초대 교회의 모임과 우선순위, 성장을 측정 기준으로 삼아 신약 교회가 되어가는 우리의 과정을 평가했다.

그러던 중 이상한 일이 일어났다. 본문을 더욱 세심히 읽어가던 중 이전에는 전혀 눈치 채지 못했던 여러 사실이 눈에 띄기 시작했다. 이제껏 의무에 대한 **처방**으로 알아왔던 이 본문이 사실은 이전 교회에 대한 **묘사**일 뿐이며, 이 묘사 역시 칭찬이 아닐 수 있다는 의문이 들기 시작했다.

이것의 의미를 살펴보자.

예루살렘 교회

예루살렘에 있던 초대 교회를 묘사하는 데 가장 많이 알려지고 또 자주 인용되는 구절은 사도행전 2:42-47이다. 그 내용은 다음과 같다.

> 그들이 사도의 가르침을 받아 서로 교제하고 떡을 떼며 오로지 기도하기를 힘쓰니라. 사람마다 두려워하는데 사도들로 말미암아 기사와 표적이 많이 나타나니, 믿는 사람이 다 함께 있어 모든 물건을 서로 통용하고, 또 재산과 소유를 팔아 각 사람의 필요를 따라 나눠 주며, 날마다 마음을 같이하여 성전에 모이기를 힘쓰고 집에서 떡을 떼며 기쁨과 순전한 마음으로 음식을 먹고, 하나님을 찬미하며 또 온 백성에게 칭송을 받으니 주께서 구원 받는 사람을 날마다 더하게 하시니라.

하지만 내가 생각하는 이 본문의 의미는 다음과 같다. 줄로 지운 부분은 나를 비롯해 내 무리에 속한 대부분의 사람이 전혀 눈치 채지 못하는 것 같은 구문들이다.

> 그들이 사도의 가르침을 받아 서로 교제하고 떡을 떼며 오로지 기도하기를 힘쓰니라. 사람마다 두려워하는데 ~~사도들로 말미암아 기사와 표적이 많이 나타나니~~, 믿는 사람이 다 함께 있어 ~~모든 물건을 서로 통용하고~~, 또 재산과 소유를 팔아 각 사람의 필요를 따라 나눠 주

며, 날마다 마음을 같이하여 성전에 모이기를 힘쓰고 집에서 떡을 떼며 기쁨과 순전한 마음으로 음식을 먹고, 하나님을 찬미하며 또 온 백성에게 칭송을 받으니 주께서 구원 받는 사람을 날마다 더하게 하시니라.

이 본문이 하나님이 기뻐하시는 교회를 위한 지침서라면 우리는 중요한 몇몇 재료들을 빠뜨리고 있었다. 하지만 우리만이 아니었다. 모든 무리가 마찬가지였다. 차이점이라면 무엇을 강조하기로 선택하고, 무엇을 무시하기로 결정하느냐뿐이었다.

예를 들어, 수천 명의 사람이 그리스도께로 나아와 세례를 받는다는 생각을 기뻐하지 않을 사람은 없다. 모든 이들이 사도들의 가르침과 교제, 떡을 떼는 것, 기도의 중요성을 인정한다. 우리는 하나님을 찬미하고, 온 백성에게 칭송받는 것이 좋은 일이라 생각한다.

하지만 오순절주의 형제자매들은 늘 우려를 표한다. 이들은 왜 다른 사람들이 사도들이 기사와 표적을 행한 부분을 무시하는지를 알고 싶어한다. 이들의 생각에 사람들이 두려워했던 이유가 바로 여기에 있는 까닭이다. 이들이 즐겨 지적하는 대로, 결국 이것이 이 본문이 말하고 있는 바다.

반면 극좌파 친구들과 공동체 생활을 했던 히피들도 몇몇 있다. 이들은 다른 불만을 토로한다. 이들은 왜 다른 사람들이 **모든 이들이 서로 모든 물건을 통용한** 부분을 무시하는지를 궁금해한다. 이들에게는 이것이 가장 중요하다. 이것이 초대 교회를 가족으로 만들었다고 생각하는 까닭이다. 하지만 공화당 친구들은 그렇게 생각하지 않는다. 다만 비유적인 표현일 뿐이라 생각한다.

또 다른 친구들은 각 사람의 필요를 따라 나눠주기 위해 재산과 소유를 팔았다는 부분을 지목한다. 이들은 이것이 오늘날의 교회에서는 왜 그렇게 드문지를 알고 싶어한다. 하지만 자신이 좋아하는 구절 바로 **앞에** 기록된 내용은 눈에 들어오지 않는 모양이다. 모든 사람이 서로 모든 물건을 통용했다는 구절 말이다. 그것에 대해, 이들은 이것이 다만 비유적인 표현이라고 주장하는 공화당 사람들과 의견을 같이한다.

마지막으로, 이 본문에는 누구도 실천하고 싶어하지 않는 내용이 기록되어 있다. **날마다** 모여야 한다는 내용인데, 특별히 예루살렘 성전에서의 모임을 의미하는 것이라면 더더욱 그렇다. 어떠한 이유에서인지, 이것은 신약 교회를 위한 누구의 처방에도 등장하지 않는다.

예루살렘 교회를 오늘날 교회의 모델로 사용하는 것은 이러한 이유들 때문에 정당화되기가 어렵다. 솔직하게 말해 이 본문은 처방이라기보다는 묘사에 가깝다. 그러나 이것이 끝이 아니다. 자세히 살펴보면 우리는 예루살렘 교회를 따를 수 있다고 해도 실상은 따르고 싶지 않은 본보기라는 사실을 발견하게 될 것이다. 먼저 이들은 지상대명령을 무시했다.[1]

지상대명령을 무시하다

부활하신 후 예수님은 모든 이에게 약속된 성령을 받을 때까지 예루살렘에서 기다리라 말씀하셨다. 성령이 오시면 이들은 권능을 받고 온 유대와 사마리아와 땅 끝까지 이르러 복음을 전하고 제자를 삼을 것이었다. 하지만 그때까지 이들은 기다려야 했다.[2]

하지만 애석한 부분이 있다. 성령이 오셨을 때, 이들은 움직이지 않았다. 옹송그리고 앉아 거룩한 무리를 유지했다. 결국 하나님이 큰 박해를 가하고 난 후에야 이들은 예루살렘을 떠났다. 그때에서야 명령을 받은 대로 유대와 사마리아로 흩어져 좋은 소식을 전파했다.[3]

이들이 머문 이유는 쉽게 이해할 수 있다. 서로의 교제는 놀라웠고, 표적과 기사 역시 이들을 흥분케 했을 것이다. 무엇보다 이들은 예수님이 곧 돌아오시리라 기대했는데, 하늘로 올라가실 때 이들 앞에 두 천사가 나타나 하늘로 가심을 본 그대로 다시 돌아오시리라 이른 까닭이었다.[4] 이들은 이 일이 곧, 바로 그곳 예루살렘에서 일어날 거라 생각했다. 따라서 이들은 같은 곳에 계속 머물렀다.

돈이 바닥나다

예수님의 재림을 배회하며 기다리기로 한 이들의 결정은 지상대명령을 무시하도록 했을 뿐 아니라 이들의 재산이 바닥나게 했다.

오순절 날 그 도시가 순례자들로 가득했다는 사실을 기억하라. 그날 신자가 된 사람들은 예수님이 돌아오실 때 그곳에 있고자 떠나지 않았을 가능성이 높다. 메시아가 곧 다시 오신다는 사실을 믿는 사람이 집으로 돌아간다는 것은 말이 되지 않았다.

하지만 이들이 가진 돈 역시 빠르게 바닥이 났을 것이다. 그때에는 ATM이나 신용카드, 당좌예금계좌가 없었다. 가져온 돈이 모두 떨어지고 난 후 이들에게는 집으로 돌아가든지 아니면 다른 사람들의 환대와 관대함을 의지하든지 등의 두 가지 선택을 할 수 있었다.

예루살렘에 살던 사람들에게 이것은 쉬운 결정이었다. 환대를 최고의 가치로 여기는 문화 속에서 예수님이 돌아오실 때까지 모든 사람이 그곳에 머물 수 있도록 자신의 재산과 소유를 파는 것은 당연했다.

나는 종종 이것이 나중에 예루살렘 교회를 가난에 빠지게 하는 데 어떠한 역할을 담당했을지가 궁금했다. 이들의 가난이 어찌나 심각했는지 사도 바울이 모든 이방 교회들로부터 예루살렘의 가난한 성도들을 위한 특별헌금을 모을 정도였다.[5]

또한 신약 서신서들이 예루살렘 교회의 초기 시절이 묘사하는 것과 같은 식의 재산과 소유를 파는 일, 혹은 공동 자금을 모으는 일을 한 번도 명령하거나 심지어는 격려조차 않는 것 역시 이 때문이 아닐까 하는 의구심이 들기도 한다.

모르겠다. 누구도 확실히는 말할 수 없다. 하지만 의구심이 드는 것은 분명하다.

헬라인들의 문제

예루살렘 교회가 제대로 이해하지 못한 또 다른 영역이 있었다.

이들은 헬라인들과 약간의 문제가 있었다. 헬라인들은 예루살렘에서 환영받지 못했다. 이들은 모든 것을 유대교식으로 유지하고 싶어했다.

이것을 놓치지 마라. 이것은 중요한 일이다. 심각한 영적 결함을 가진 것이다. 이것을 보기 좋게 포장할 방법은 없다. 예루살렘 교회는 인종차별주의적이었다.

심지어 사도 베드로조차도 헬라인과 복음을 나누기 꺼렸다. 하나님은 그에게 특별한 환상을 보이셔야 했고, 그것을 세 번이나 반복하셔야 했다. 고넬료라 하는 한 헬라인이 정말로 구원을 받았고, 성령으로 충만하다는 사실이 분명해지고 난 이후에야 베드로는 다른 모든 이들도 이 사실을 받아들일 수 있도록 특별 회의를 소집해야 했다. 그럼에도 불구하고 예루살렘 교회의 많은 사람은 유대교의 율법과 관례를 받아들일 때에만 헬라인들이 구원과 환영을 받을 수 있다는 주장을 굽히지 않았다.[6]

단언하건대 이 책을 읽고 있는 독자들 중 상당수는 헬라인들일 것이다. 우리가 닮고자 하는 교회가 우리를 환영하지 않았을 것이라는 사실은 우리의 정신을 번쩍 들게 한다.

예루살렘의 초대 교회가 수치스러운 실패작이었다는 이야기는 아니다. 초대 교회는 믿기 어려울 정도의 기적이었다. 그러나 은혜와 긍휼의 기적이었다. 초대 교회는 오늘날 우리가 여전히 씨름하고 있는 것과 똑같은 문제로 씨름했던 용서받은 죄인들로 채워진 교회였다. 그리고 이것은 오늘날의 교회뿐 아니라 미래의 교회에 대해서도 내게 소망을 안겨준다.

신약의 리더들

사람들이 흔히 말하듯, 훌륭하지 않았던 것은 비단 예루살렘 교회만이 아니다. 이것은 초대 교회 리더들에게도 해당되었다. 이들 또한 완벽과는 거리가 멀었다.

예를 들어, 베드로는 위선자였다. 그는 기복이 심했고, 실언을 잘 했으며, 예수님을 모른다고 세 번이나 부인했는데, 이러한 사실들은 잘 알려진 반면 이 일들이 그가 부활하신 주님을 보고 성령으로 충만하기 전에 일어났기 때문에 대부분의 사람은 그 이후 모든 것이 달라졌다고 생각한다. 하지만 그렇지 않았다.

한번은 그가 안디옥이라는 마을에 있는 동안 일단의 율법주의자와 유대주의자들이 예루살렘에서 내려와 헬라인들을 강요해 유대 종교법을 따르도록 했다. 베드로는 이들의 압력에 굴복했고, 그가 아는 잘못된 원칙을 지지하는 체했다. 이것은 위선적이고, 나약하고, 솔직하지 못한 행동이었다. 다른 사람들을 잘못된 길로 이끌었다. 이러한 이유로 사도 바울은 베드로를 공개적으로 책망했다.[7]

하지만 사도 바울 역시 자신만의 문제가 있었다.

먼저 그는 교만과 극심한 싸움을 벌였다. 오만하려는 그의 성향은 너무나도 강력해 그를 쳐서 자만하지 않게 하시려고 하나님은 그에게 "육체의 가시", 곧 사탄의 사자를 주셨다. 이것이 그를 소멸로부터 지켜낼 유일한 방법이었던 것이 분명하다.[8]

마가 요한을 향해 긍휼을 보이지 않은 적도 있었다. 마가 요한은 바울, 바나바와 함께 선교 여행을 떠난 적이 있었다. 상황이 어려워지자, 그는 겁을 먹고 집으로 돌아갔다. 다른 여행을 떠나야 할 때, 바나바는 마가 요한에게 다시 한 번 기회를 주고 싶어 했다. 하지만 바울이 거절했다. 꿈쩍도 하지 않았다. 이것은 바울과 바나바를 분열시킨 단초가 되었다. 우리가 알고 있는 사실에 근거하면 둘은 다시는 함께 일하지 않았다.[9]

믿기 어려운 이야기지만 자칭 죄인 중에 괴수이자 공로 없이 주어지는 하나님의 은혜와 긍휼의 전형인 바울은 마가 요한에게 더는 기회를 주지 않았다. 시간이 흘러 바울이 틀렸다고 증명된 것은 하나님이 마가 요한을 택하셔서 마가복음을 쓰게 하셨기 때문인데, 이것은 바울은 요한이 단기 선교 여행을 가는 것도 합당하지 않다고 생각했지만 하나님은 그에게 성경의 일부를 기록할 자격이 있다고 여기셨다는 뜻이다. 이상한 일이다.

그러나 베드로와 바울에게만 예상 외의 결점이 있었던 것은 아니다. 초대 교회는 부족한 리더들로 가득했다. 디모데는 소심했다. 데마는 이 세상을 너무 사랑해서 바울을 떠났다. 디오드레베는 작은 독재자로 으뜸 되기를 좋아하여, 사도 요한이 자신의 교회를 찾는 것을 거부하기까지 했다. 한번은 사도 바울이 아무리 둘러보아도 자기 일보다 그리스도의 일을 먼저 구할 사람으로 디모데 외에 다른 사람을 생각해낼 수가 없었다.[10]

이 모두는 우리 현대 리더들에 대한 새로운 시각을 제공한다. 어쩌면 이들은 그렇게 형편없는 리더들이 아닐 수도 있다. 하나님은 1세기에서와 마찬가지로 앞으로도 굽은 지팡이를 사용해 올곧은 선을 그어가실 수 있다.

신약의 다른 교회들

우리가 신약의 교회와 그 리더들에 대해 잔인할 정도로 솔직해진 이상 반드시 짚고 넘어가야 할 사실이 한 가지 더 있다. 사도 바울이 개척한 교회들은 변변치 못했다. 그 때문에 그는 모든 서신서들을 기록해야 했다.

갈라디아 교회는 다른 복음에 속히 매료되었다. 이 일이 너무나도 빨리 일어나 바울은 깜짝 놀랐다. 다른 복음은 완전히 잘못된 것으로, 이들은 그리스도에게서 끊어질 위험에 처해 있었다. 바울은 구원을 종교적 전통과 율법에서 찾을 수 있다면 그리스도의 죽으심이 헛되다는 사실을 상기시키며 이들을 격렬하게 책망해야 했다.[11]

에베소 교회도 있다. 이 교회는 겉으로는 멀쩡해 보였으나 속은 썩어가고 있었다. 물론 교리상 건강하고, 어려운 때를 인내해 온 헌신되고, 근면한 사람들로 채워져 있었지만, 이들이 처음 가졌던 **아가페적** 사랑은 사라졌고, 결국 예수님은 이들이 속히 회개하지 않으면 자신의 임재를 옮기시리라 경고하셨다.[12]

빌립보 교회는 관대한 사람들로 가득했다. 이들은 바울의 주요한 기부 기반을 구성했다. 빌립보서는 이들의 후원에 대해 감사를 전하려는 목적으로 쓰여지기 시작했다. 하지만 이들 역시 유오디아와 순두게라는 두 여성의 격렬한 교회 다툼으로 인해 분열

되어 있었다. 바울은 이 둘에게는 서로 어울릴 것을 간청했고, 다른 사람들에게는 이들의 화해를 도울 것을 요청했다.[13]

혹은 바울이 디모데와 디도에게 이른 이상한 지시를 생각해보라. 교회의 지도자들을 고르는 방법을 이야기하면서 바울은 성미가 급하거나, 따지기를 좋아하고, 부정직한 상거래의 경험이 있거나, 부정한 결혼생활을 했던 사람과 더불어 술주정뱅이를 피하라고 충고했다.[14]

무척 이상한 충고다. 내가 알고 있는 가장 병든 교회도 이러한 종류의 사람들을 지도자로 세워서는 안 된다는 사실 정도는 이미 알고 있다. 하지만 초대 교회는 너무나도 상스러웠고, 바울은 디모데와 디도에게 이것을 일러줘야 한다고 생각한 것이 분명하다. 이것은 초대 교회가 실제로 어떠했는지를 보여주는 또 하나의 창이다.

고린도 교인들에 대해서는, 일단 이들의 영적 역기능이 어찌나 심각했는지 바울이 이들에게는 두 개의 편지, 그것도 장문의 편지를 보내야 했다. 이들은 자신이 좋아하는 교사와 지도자에 따라 서로 다른 진영으로 나뉘어 있었다. 이들은 관용이라는 이름으로 노골적인 죄를 못 본 척했다. 이들은 서로를 고소했다. 그리고 계속해서 창녀들을 찾았다. 또한, 음식 규정에 대해 논쟁했다. 이들의 모임은 지나치게 논쟁적이어서 유익보다는 폐해가 더 많았다. 이들의 성찬은 너무나도 잘못되어 병을 얻고 연약해지는 사람들이 생겨났을 뿐 아니라 죽는 사람들도 몇몇 있었다. 이들의 포트럭(여러 사람이 각자 음식을 조금씩 가져와서 나눠먹는 식사—옮긴이)에서는 누구도 음식을 나누지 않았고 아무것도 없는 사람들은 굴욕감을 입은 채 집으로 돌아갔다. 이들은 성령의 은사를 강조했으나 성령에게서 흘러나오는 사랑은 간과했다. 그리고 이들 중 일부는 죽은 자 가운데 부활이 없다고 가르쳤다. 이상은 바울이 첫 번째 편지에서만 언급한 문제들이다.[15]

이 모두는 내가 왜 신약 교회에 대한 지나친 숭배를 장밋빛 기억으로 치부하는지를 설명하는 데 도움이 된다. 또한 오늘날의 교회를 조롱하고 신약 교회로의 회귀를 주장하는 사람들에게 다음과 같은 질문을 던지는 이유이기도 하다. "신약 성경을 실제로 읽어보셨어요?"

초대 교회는 우리에게 많은 교훈을 준다. 그러나 거기에는 무엇을 해야 할지에 대한 교훈만큼 무엇을 하지 **말아야** 할지에 대한 교훈이 있다. 그리고 우리가 초대 교회의 실패로부터 배울 수 있는 가장 중요한 것들 중 하나는 현재에 대한 소망과 균형감각을 잃어버리기까지 과거를 숭배하는 것이 위험하다는 사실이다.

하나님은 언제나 굽은 지팡이를 사용해 올곧은 선을 그어오셨다. 그분은 언제나 연약한 자들을 사용해 자신의 능력을 보이셨다. 또한 자신의 은혜를 나타내시기 위해 자격이 없는 자들을 선택해오셨다. 그분이 오늘날 같은 일을 지속하신다고 해도 우리는 놀라서는 안 된다.

15장

사랑 안에서 참된 것을 말하기
과거를 숭배하지 않고 현재를 대면하다

•

바로 이것이다. 때때로 우리는 짓기 위해 부수어야 한다. 그러나 부수는 작업은 끝이 났다. 나의 주장이 정당함을 입증했기를 바랄 뿐이다. 좋았다고 생각했던 옛날이 늘 그다지 훌륭한 것만은 아니다. 오늘날의 교회와 제자들의 죄와 결점들은 심각하지만, 새로울 것은 없다. 이들은 하나님이 약속하신 대로 자신의 교회를 세워가시는 예수님을 막지 못할 것이다.

과거에 대한 부정확하고 낭만화된 견해의 족쇄를 부수는 것만으로 오늘날의 문제들을 해결할 수는 없다. 이것은 다만 이 문제들을 균형 있게 인지하도록 할 뿐이다. 문제들을 교정하기 위해, 우리는 더 많은 일을 해야 한다.

그렇다면 우리는 어떻게 해야 할까? 어떻게 참된 회개와 변화를 촉구하는 방식으로 오늘날 교회의 결점과 분투하는 제자들의 결점을 비평하고, 대면하며, 책망할 수 있을까?

사도 바울이 고린도 교회에 보낸 두 편의 편지보다 더 나은 모델은 없다. 고린도 교회 교인들은 그 편지보다 더 잘못될 수는 없을 정도였다. 하지만 바울은 이들의 모든 문제를 정면으로 지적했다. 절대로 사정을 봐주지 않았다. 그는 잘못된 모든 것을 비판했고, 책망했다. 하지만 오늘날 교회와 하나님의 백성을 바로잡는 일에 부르심을 받았다고 생각하는 사람들에게서 나타나는 혐오감의 흔적이나 냉소는 없이 그렇게 했다.

바울은 어떻게 했을까? 그리고 무엇을 했을까?

잘한 것을 찾아 칭찬하라

고린도 교회를 향한 바울의 책망에서 먼저 발견해야 할 것은 그 시작이다. 그는 칭찬으로 시작한다. 멸시가 아니다. 비평이 아니다. 힐책이 아니다. 불평할 거리들은 너무나도 많았지만 말이다.

바울은 잘한 것을 찾아 진심과 진정으로 칭찬한다. 허풍을 떤 것이 아니다. 이들을 함정에 빠뜨린 것도 아니다. 바울은 성경을 기록하고 있다. 그의 말은 하나님의 마음과 견해를 반영한다.

바울은 고린도 교인들이 비록 그렇게 살고 있지는 않았지만, 그리스도 안에서 이들 자신이 누구인지를 상기시키며 시작한다. 이들이 구별되었고 거룩하도록 부르심을 받았다는 사실을 언급한다. 이들이 언변과 지식에 풍족하며, 모든 은사에 부족함이 없고, 그리스도의 나타나심을 간절히 기다리고 있다는 사실을 긍정한다. 또한 이들의 많은 죄와 결함에도 불구하고 주께서 이들을 주님의 날에 책망할 것이 없는 자로 끝까지 견고하게 하실 것임을 보장한다.[1]

그는 이 모두를 첫 아홉 절에 적었다.

이것을 우리가 오늘날 교회의 죄와 결점을 언급하는 방식과 대조해보라.

먼저 우리의 통렬한 책망 대부분에는 칭찬의 말이 한마디도 들어 있지 않다. 내가 들어본 컨퍼런스의 강사들이나 읽은 책들, 혹은 대화를 나눈 친구들 중 고린도와 같은 우리 교회들의 비평을 칭찬할 만한 특성의 목록으로 시작하는 이는 아무도 없었다. 대신 우리는 곧바로 급소를 공격한다. 잘못된 것에서 시작해 끔찍한 것으로 옮겨간다. 후방에 선 모든 이들을 조롱하고 무시하며 이들의 구원을 의심하는 우리의 어조는 경멸을 띠기도 한다.

두 번째로 우리는 정작 교정이 필요한 사람들에게는 직접적으로 말하지 않는다. 사도 바울이 어느 편지에서도 **다른** 교회들의 비평을 싣지 않았다는 점은 매우 흥미롭다. 대신 교정을 위한 그의 편지는 그 비평이 필요한 교회를 위하여 쓰였다. 강경한 우리의 비평 대부분은 누군가 다른 이에 대한 것이다. 책이나 강단, 혹은 (주로 다른 지도자들이 참석해) 만원을 이루는 컨퍼런스의 무대에서 우리는 연약하고 분투하는 고린도와 같은 교회들을 겨냥해 공격하는데, 이러한 방식으로는 이들의 변화를 전혀 도울 수 없고 다만 우리를 북돋아 충만한 자기만족의 교만을 품게 할 뿐이다.

고린도 교인들의 죄와 세속성을 마주한 바울은 이들을 다르게 대했다. 다른 사람들과 더불어 이들에 대하여 이야기를 나누지 않았다. 그는 고린도 교인들에게 직접 편지했다. 또한 하나님이 아직은 완성하시지 않은 동료 성도들로서 이들을 대했다. 여전히 노력이 필요한 많은 것들을 단호히 다루기 전, 주님이 시작하신 일을 진심으로 찬송했다. 결국 바울은 빌립보 교인들이 걱정하고 염려했을 때 이들에게 건넸던 충고를 그대로 좇았다. 그는 칭찬과 덕과 기림을 받을 만한 것에 집중했다.[2] 그리고 난 후 사랑 안에서 참된 것을 말했다.

사랑 안에서 참된 것을 말하라

오래 살수록 다른 사람의 죄와 결점을 대면할 때의 올바른 태도와 동기의 중요성을 더욱 인지하게 된다.

바울은 상심하여 편지를 썼다. 그는 커다란 괴로움을 느꼈다. 많은 눈물을 흘렸다. 바울은 고린도 교회 교인들을 자신의 자녀처럼 사랑했다.[3] 하지만 오늘날 내가 듣고 읽는 혹독한 비평의 대부분에는 눈물보다 혐오감이 훨씬 더 많이 배어 있다. 이 비평들을 연민이나 사랑으로 분류하기란 불가능하다. 이들의 비평은 회개를 향한 상심의 부름이라기보다 억눌러온 불만을 분출했다고 느껴진다. 이들은 연약한 사람들을 사랑하지 않는 듯하다. 이들은 연약한 사람들에게 분노한다.

다시 한 번, 이것을 고린도 교인들을 향한 바울의 태도와 대조해보라. 고린도 교인들의 무수한 죄와 냉담한 행위에도 불구하고 바울은 단순히 "주 안에서 그들을 사랑하는 것" 이상을 했다. 바울은 실제로 이들을 좋아했다. 자랑스러워했다. 심지어 다른 사람들에게 이들을 자랑하기도 했다. 스스로도 그렇게 말했다. 그가 나타났을 때 보게 될까 봐 두려워했던 상황을 고려할 때, 이 모든 것은 이해하기가 쉽지 않다.[4] 그는 다음과 같이 기록했다. "내가 갈 때에 너희를 내가 원하는 것과 같이 보지 못하고 또 내가 너희에게 너희가 원하지 않는 것과 같이 보일까 두려워하며 또 다툼과 시기와 분냄과 당 짓는 것과 비방과 수군거림과 거만함과 혼란이 있을까 두려워하고 또 내가 다시 갈 때에 내 하나님이 나를 너희 앞에서 낮추실까 두려워하고 또 내가 전에 죄를 지은 여러 사람의 그 행한 바 더러움과 음란함과 호색함을 회개하지 아니함 때문에 슬퍼할까 두려워하노라."[5]

건강하지 못한 그리스도인들과 교회들은 절대로 부족하지 않다. 이들이 부족한 유일한 장소는 과거에 대한 우리의 낭만화된 마음속뿐이다. 그리고 거기에는 과거를 숭배하려는 거대한 유혹 세 가지가 따른다.

첫째는, 오늘날의 죄와 결함들이 새롭고 드물다는 생각이다. 이것은 전혀 사실이 아니다. 거짓이다. 이것을 믿는 사람들은 절망과 냉소에 사로잡힐 뿐 아니라 하나님이 과거에 행하신 일에 대해서는 추모비를 세우는 반면 현재 행하시는 일은 보지 못하게 된다.

둘째는, 분노와 혐오를 드러내는 것이다. (예수님이 우레의 아들이라는 이름을 더하신) 야고보와 요한처럼, 우리 역시 예수님을 거절하는 자들에게 하늘로부터의 불이 내려오기를 바랄 수 있다. 하지만 예수님은 자신을 거절한 사마리아인들을 책망하지 않으셨다. 이들의 분노와 냉혹한 반응을 인해 야고보와 요한을 책망하셨다.[6]

셋째는, 곡식 가운데 자라고 있는 우리 눈에 보이는 모든 가라지들을 뽑아 예수님을 돕고자 하는 시도다. 예수님은 이것을 만류하셨다. 우리가 분명 가라지와 함께 곡식을 뽑을 것이기 때문이다. 그분은 자신이 다시 오실 때에 이것을 해결하시겠다고 말씀하셨다.[7]

이 세 가지 유혹 모두는 최선의 동기, 즉 하나님의 영광을 지키고 그분의 교회를 순결하게 하겠다는 열정을 이용한다. 하지만 이들 중 무엇에라도 속아 넘어간다면 우리는 하나님의 영광을 지키지도, 그분의 교회를 순결하게 하지도 못할 것이다. 대신 예수님을 닮아가는 것에서 멀어져 바리새인과 같이 되는 큰 걸음을 떼게 된다. 선의를 품은 우연한 바리새인일 수도 있겠지만 그렇더라도 바리새인이다.

5부를 위한 토의 질문

과거의 숭배

1. 당신은 과거를 숭배해본 경험이 있는가?
   a. 있다면 당신이 갈망하는 좋았던 옛날에는 무엇이 있는가? 또 그 이유는 무엇인가?
   b. 장밋빛 안경을 통해 과거를 바라보는 것은 어떠한 방식으로 우리의 관점을 흐트러뜨릴 수 있을까? 최대한 구체적으로 답변해보라.

2. 5부는 이상화되고 낭만화된 과거와 현재를 비교할 때 사람들이 폄하하기를 좋아하는 세 가지의 동네북, 즉 교회와 교회 리더들, 그리고 문화에 대해 논의했다. 이것들 중 당신이 가장 쉽게 비평하게 되는 것은 무엇인가? 또 그 이유는 무엇인가?

3. 5부를 읽고 난 후 생각나는, 당신이 우러러온 과거의 위대한 영적 리더가 있는가? 있다면 누구이고, 그 이유는 무엇인가?

4. 왜 우리는 우리의 영웅들에 대해 좋은 것만 기억하려 하는 걸까?
   a. 이것이 우리의 영적인 걸음에 어떻게 위험할 수 있을까? 최대한 구체적으로 답변해보라.
   b. 누군가 당신에게 "어떻게 우리가 과거를 숭배하지 않고 과거로부터 배울 수 있을까요?"라고 묻는다면 당신은 무어라 대답하겠는가?

5. 5부는 과거에 대한 부정확하고 비현실적인 우상화로부터 흘러나오는 세 가지 거대한 위험을 요약하면서 끝을 맺는다.
   - 오늘날의 죄와 결점들이 독특하고 드물다고 생각하는 것
   - 오늘의 죄가 어제의 죄보다 더 심각한 것처럼 분노와 혐오를 드러내는 것
   - 교회 안 곡식 가운데 자라고 있는 우리 눈에 보이는 모든 가라지를 뽑아 예수님을 돕고자 하는 것

   만일 있다면 이 세 가지 중 당신이 가장 취약한 것은 무엇인가? 그 이유는 무엇인가?

획일성의 추구

획일성은 어떻게 하나 됨을 파괴하는가

Accidental Pharisees

16장

하나 됨과 획일성

획일성은 어떻게 하나 됨을 제거하는가

당신이 그리스도인이고 나도 그리스도인이면 우리는 그리스도 안에서 하나다. 우리의 하나 됨을 애써 만들어낼 필요가 없다. 우리는 이미 하나가 되어 있다. 이것은 영적인 실재다. 하지만 무슨 이유에서인지 우리의 하나 됨은 계속해서 자취를 감춘다. 찾아보기 너무 힘들다. 이러한 이유로 예수님은 우리가 실제로 그것을 경험하도록 기도하셨고, 성경은 우리에게 그것을 힘써 지키라 말한 것이다. 하나 됨을 유지하기란 엄청나게 어렵다.[1]

그것의 주된 이유는 성경의 3장으로까지 거슬러 올라갈 수 있다. 아담의 타락 이후 우리는 서로 어울리는 것을 힘겨워해 왔다. 죄가 우리와 다른 사람들과의 관계를 포함해 이 세상의 모든 것을 엉망으로 만들었다. 에덴 동산을 벗어난 삶의 첫 번째 이야기가 (놀랄 것도 없이, 하나님을 예배하는 올바른 방식을 놓고) 한 형제가 다른 형제를 죽인 사건의 기록인 이유도 여기에 있다.[2]

제일 침례교회가 늘 제이 침례교회를 낳는 것도 이상한 일이 아니다.

하지만 참되고 지속적인 하나 됨을 찾기가 그토록 어려운 데에는 또 다른 이유가 있다. 우리는 종종 성경적인 하나 됨을 그것과 너무 유사한 가짜 **획일성**과 혼동한다. 이것은 아주 오래된 문제다.

성경적인 하나 됨

우리의 성경적인 하나 됨은 우리가 가족 안에서 경험하는 하나 됨과 매우 비슷하다. 우리 아이들이 자동차 뒷좌석에 다 함께 탈 수 있을 만큼 어렸을 때 이들이 언제나 서로 잘 지냈던 것은 아니다. 이들은 가끔 서로를 죽이고 싶어했다. 나는 때로 그럴 수도 있겠구나 생각했다. 하지만 그것은 중요하지 않았다. 내가 아이들에게 항상 주지시켰듯 이들은 서로에게서 떨어질 수가 없었다. 서로와 어울리는 법을 배워가야만 했다. 이들은 선택이 아닌 혈육으로 묶여 있다. 그리고 무엇도 그것을 바꿀 수 없다.

마찬가지로 내가 구원을 받았고 당신이 구원을 받았다면(당신이 간신히 구원을 받았다고 해도), 우리는 가족이다. 우리가 서로를 좋아하지 않고, 중요한 문제들에 대해 의견이 완전히 달라도, 오래된 논란을 두고 싸움을 벌이기 위해 전쟁터를 만들었다고 해도 이것은 중요하지 않다. 우리는 서로에게서 떨어질 수 없다. 서로 어울리는 법을 배워야만 한다. 우리는 우리의 선택이 아닌, 예수님으로 묶여 있다. 그리고 무엇도 그것을 바꿀 수 없다.

우리의 성경적인 하나 됨은 오직 우리와 예수님과의 관계에 근간을 둔다. 공동의 종교적 실천이나 양식, 선호도를 의지하지 않는다. 모든 신학적 요소에 대한 동의 여부에도 달려 있지 않다. 이것은 우리가 원하지 않을 때에도 존재한다.

획일성

획일성은 하나 됨과는 매우 다르다. 이것은 마치 복제 생물과 같은 유사성에 근거한다. 때문에 획일성은 매우 편하다. 아주 자연스럽게 화합이 된다. 모든 사람이 비슷하게 걷고, 이야기하고, 같은 곳을 볼 때 서로 어울리는 일은 그다지 어렵지 않다. 함께 노력해야 할 문제들도 많지 않다. 나의 복제 생물을 인내하고, 친절하고 관대하게 대하기란 무척 쉬운 일이다. 상대의 입장에 대해 이해하기도 쉽다. 상대가 의미하는 바를 잘 알 수 있다. 상대의 고통도 느낀다.

하지만 예수님은 획일성을 위해 죽으신 것이 아니다. 그분이 오셔서 유대인과 헬라인, 종과 자유인, 남자와 여자 사이의 막힌 담을 허무신 것은 우리를 지루하고, 혼합되고, 단일화된 중간 즈음에 섞어놓기 위해서가 아니다. 정반대다. 예수님은 우리를 우리의 **차이점들로부터가** 아니라, 그것들 **안에서** 구원하시기 위해 오셨다. 하나님은 우리의 다양성을 기뻐하신다. 우리의 가장 큰 차이점들 중 다수가 그분의 주권적인 계획에 꼭 필요한 부분이다. 사실 그분이 우리를 일부러 그렇게 만드셨다.[3]

형제자매들이 서로 어울리기를 거부할 때

여느 부모들이나 다 알고 있겠지만 자녀들이 서로 잘 어울리도록 강요할 수는 없다. 아이들은 싸우고 싶으면 싸운다. 부모의 심각한 협박과 엄한 처벌, 긴 타임아웃이 얼마 동안은 적대감을 저지할 수 있겠지만, 오랫동안은 아니다. 두어 시간 정도 집을 비워야 하는데 아이들이 싸울 태세라면 돌아왔을 때, 당신은 당신이 없는 동안 일어난 일을 좋아하지 않을 것이다.

불행하게도 식구들이 서로 어울리기를 거부할 때 고통받는 것은 옥신각신하는 형제자매들뿐만이 아니다. 온 가족이 고통을 받는다. 이것은 가족이라는 이름에 수치를 안겨준다. 부모에게는 망신이 된다. 가장 최근 식료품점 한 코너에서 큰소리로 울고 떼를 쓰는 아이를 본 기억을 더듬어보라. 확신하건대 아마 당신은 그 아이나 혹은 부모에 대해 좋은 평가를 내리지 않았을 것이다. 당신의 자녀들 역시 그곳에서 떼를 쓴 경험이 있었다 해도, 당신은 그 가족의 일원이 아닌 것에 감사하며 그 자리를 떠났을 것이다.

영적인 영역에서도 똑같은 일이 일어난다. 하나님의 아들딸인 우리가 서로를 사랑하고 참아주는 것을 볼 때, 세상은 우리에게로 저절로 이끌린다. 우리는 세상 사람들의 삶에 대해 말할 만한 신뢰를 얻는다. 우리의 하늘 아버지는 좋은 분으로 인식된다. 그러나 성도의 견인이나 정치, 혹은 성령이라는 매장 앞에서 주먹질과 아귀다툼이 터져 나오는 모습을 볼 때 이들은 우리의 부모를 궁금해할 수밖에 없다. "도대체 어떤 하늘 아버지에게 이런 자식이 있다는 거야?"

우리에게는 있지만 이들에게는 너무나도 절박하게 필요한 생명이나 예수님, 구원에 대해 우리가 말해야 하는 바에 이들이 관심을 기울이지 않는 것은 당연한 일이다.

우리가 경계표지를 사랑하는 이유

획일성의 추구가 성경적인 하나 됨의 유지를 대체할 때, 가장 먼저 우리는 경계표지를 세우려는 경향을 띤다. 경계표지는 우리를 어떠한 그룹과 동일시시켜주는 효과적인 행동과 상징, 견해를 말한다. 당신이 모피코트를 입고 PETA(People for the Ethical Treatment of Animals의 준말로 동물을 인도적으로 사랑하는 사람들을 의미함—옮긴이) 모임에 나타난다면 당신은 분명 그곳의 일원이 아니다. 장로교회의 예배에서 두 손을 높이 들고 여기저기를 뛰어다닌다면, 분명 모든 이들은 아마도 당신이 오순절교회를 다니다가 새로 이사를 왔으리라 생각할 것이다.

우리의 행동, 복장 규정, 생활 방식을 비롯해 심지어는 우리가 사용하는 어휘와 강조하는 것들까지 이 모두가 다 경계표지들이다. 당신의 언어가 저속하다면, 그것은 내게 무언가를 말해준다. 하나님 이야기와 상투적인 영적 문구들로 가득하다면, 이것은 또 다른 무언가를 말해준다. 당신의 교회가 구도자의 구원이나 지속적인 대화, 선교적인 삶, 혹은 더욱 복음 중심적이어야 할 필요를 강조한다면, 당신이 선택하는 암호를 통해 나는 즉시 당신이 어느 무리에서 왔고 또 어떠한 신학적 견해에 기여할지를 파악할 수 있다.

한편으로 경계표지는 불가피하다. 예수님이 스스로 하나님이라 주장하시고 자신 안에만 구원이 있다고 말씀하셨을 때에 예수님은 아주 명백한 경계표지를 세우셨다. 당신이 예수님은 위대한 선생일 뿐이며 구원은 어느 종교든 그것을 진심으로 좇는 모든 사람에게 있다고 이야기한다면, 나는 당신이 그 경계의 어느 쪽에 서 있는지 알 수 있다. 이것은 정통 기독교에 관한 당신 입장이 어떤지를 알려주는 무척 분명한 표시다. 더 깊은 질문을 할 필요가 없다.

문제는 누가 천국의 일원이고 아닌지에 대한 우리의 경계표지가 하나님의 것보다 좁아질 때 생긴다. 예수님 시대의 바리새인들은 이러한 종류의 지나치게 엄격한 경계표지를 세우는 일의 달인들이었다. 바리새인들은 모든 것에 규칙과 기준을 두었는데, 이것들 중 대부분이 누가 자기 무리에 속하고 속하지 않는지를 빠르게 구분 짓기 위함이었다.

예수님이 세우신 것보다 더욱 좁은 경계표지들을 세우고 **우리** 지표의 반대편에 선 사람들을 영적 협잡꾼이나 주님의 원수인 양 대할 때, 우리는 우연한 바리새인들이 된다. 우리의 목표가 양 떼를 보호하는 일일 수는 있다. 하지만 예수님이 세우신 것보다 좁은 경계표지들은 결코 양 떼를 **보호**하지 않는다. 분열시킨다. 하나님이 미워하신다고 말씀하신 일, 즉 형제 사이를 **이간질한다**.[4]

또한 아군 폭격이라는 결과를 낳는다.

암호를 잊었던 날

나는 아군에게서 받는 직접적인 폭격의 고통을 안다. 여러 번 당해보았다. 그렇다고 익숙해질 것 같지는 않다. 친구라고 생각했던 사람들이 우리를 원수처럼 대할 때 당혹감을 느끼지 않을 사람은 없다.

몇 년 전 나는 같은 성향을 가졌다고 생각했던 목회자들을 대상으로 컨퍼런스에서 강의를 했다. 최근 이슈들에 대한, 우리의 시각은 같았다. 나는 이 무리의 공식적인 일원은 아니었다. 이들에게 있는 배지도 없었다. 하지만 있는 것이나 다름없었다.

내가 맡은 강의 주제는 교회 리더십의 기본에 대한 것이었다. 내 이야기는 로마서보다는 잠언에 훨씬 더 가까웠고, 신학보다는 실질적인 충고를 더욱 많이 담고 있었다. 나는 강의가 잘 진행되었다고 생각했다. 질의응답 시간이 찾아오기 전까지는 말이다. 갑자기 나는 심문을 당하는 것 같은 느낌을 받았다. 이백여 명의 참석자들 중 여섯에서 열 명으로 이뤄진 한 무리가 내게 질문이라기보다는 거의 고소에 가까운 소리들을 퍼붓기 시작했다. 나는 곧 이들이 내 강의를 한 마디도 듣지 않았다는 사실을 깨달았다. 그리고 이들은 나의 대답 또한 들을 생각이 없었다.

내가 나도 모르는 사이에 몇몇 중요한 암호와 전문 용어를 사용하지 못한 게 틀림없었다. 동의어는 허용되지 않았다. 이들은 **정확한** 단어와 구절을 듣고 싶어했다. 그뿐 아니라 나는 **각** 요점에 성경 구절을 덧붙이지도 않았다. 더욱 심각했던 것은 내가 교회 리더십의 역학 관계를 묘사하는 데 헬라어가 아닌 경영 용어를 사용했다는 점이었다.

이 때문에 나는 이 심문자들의 경계표지 반대편으로 밀려난 것이다. 나는 이들의 확인 조사 과정에서 탈락했다. 따라서 이들은 나를, 그 자리에 있는 다른 목회자들을 흉포하게 유혹해 교회 사역에 대하여 예수님과 복음에의 온전한 헌신이 아닌 육적이고 인간 중심적인 접근을 취하게 하는 비성경적 실용주의자로 단정 지었다.

괴상한 일이었다. (전문적인 용어를 사용하지 않았다고 해도) 나는 이들과 핵심 가치를 공유했으며, 기본적으로 성경의 사람이었다. 문맥에 맞지 않게 사용하는 경우가 있다고 해도 보통은 모든 문맥이 성경 구절에 근거해 있었다. 이것이 나의 신학 배경이며 개인적인 성향, 또 내가 생각하는 방식이었다. 그리고 실제로 내 생각 각각의 요점에 대해서도 성경 구절이 하나씩 뒷받침하고 있었다. 하지만 목회자들만을 대상으로 한 강의였기 때문에 모든 구절을 인용할 필요는 없다고 생각했다. 내 잘못이었다. 큰 실수를 저지른 것이다. 그와 반대되는 분명한 언급이 없는 상황이었기 때문에, 이들은 그 무리의 정식 회원이 아닌 사람은 누구든 성경을 책상의 받침을 괴는 데에만 사용한다고 생각했다.

그것이 나를 잠재적 위험을 지닌 영적 사기꾼으로 만들었다. 따라서 이들은 나를 겨냥해 총알을 날렸다. 획일성의 안락함이 하나 됨을 유지하라 하신 예수님의 명령보다 더욱 중요해질 때 이러한 일이 일어난다.

그리스도 안에 있는 하나 됨에 관한 한, 우리는 지속적으로 선택의 순간을 맞이한다. 선택의 여지가 있었다면 선택하지 않았을 형제자매들을 향해 우리는 어떤 반응을 보여야 할까? 영적 하나 됨 안에서 할 것인가 아니면, 우리의 세속적 차이 안에서 할 것인가? 선택은 우리의 몫이다. 우리는 언제나 어울릴 수 있는 방법을 찾을 수 있다. 싸울 방법을 찾을 수도 있다. 하지만 우리의 선택은 자신뿐 아니라 우리가 예수님을 위하여 영향을 미치고 다가가기를 원하는 모든 사람에게까지 영향력을 행사한다. 이들이 식품 매장에서 서로를 두들겨 패고 있는 우리의 말을 들을 리가 없다.

17장

붉은색으로 쓰인 성경 주석
신학적 획일성의 추구가 성경의 본질을 약화시키는 이유

나는 몇 년 전 이상한 경험을 한 적이 있다. 당시 젊은 목사였던 나는 캘리포니아 남부에서 열린 한 대규모 가족 캠프에서 강사로 섬기고 있었다. 강의 도중 나는 약간 논란이 될 만한 이야기를 두어 번 정도 했다. 강의가 끝나자마자 중년 부부가 나를 찾아와 이야기를 나눌 수 있는지 물었다. 이들은 내 강의 내용 때문에 무척 심란해했다. 우리는 함께 강의에 대해 검토하기 위해 식당으로 자리를 옮겼다.

자리를 잡고 셰이크를 주문하고는 각 본문을 살펴보았다. 나는 반복해서 강의 내용이 정말로 성경이 말하는 바임을 지적했다. 실제 그 구절을 함께 읽기도 했다. 하지만 이들을 납득시키지는 못했다. 사실 더 많은 이야기를 나누고, 내가 더 많은 성경 구절들을 보여줄수록 이들의 걱정은 더해졌다. 이들은 나를 거짓 교사라고 확신했다. "자유주의자들"로부터 지나친 영향을 받지 말라며 내게 경고하기까지 했다. 이들은 진심으로 내 영혼을 걱정했다.

그때 정말로 이상한 일이 일어났다. 여자분이 자신의 가방에서 커다란 스터디 바이블을 꺼내 든 것이다. 그 표지 위에는 이들이 좋아하는 목사의 이름이 굵게 박혀 있었다. 이들은 나와 내 아내가 지켜보는 가운데, 그 목사가 자신의 주석에서 말한 바를 확인하기 위해 각 본문을 뒤졌다.

그가 모든 요점에 대해 나와 동의한다는 사실을 알고 이들은 충격을 받았다.

내게는 그것이 논쟁의 마무리였다는 사실이 더 충격이었다.

갑자기 나는 훌륭한 성경 교사가 되어 있었다. 성경의 모든 구절은 이들에게 어떠한 충격도 주지 못했다. 그러나 이들이 좋아하는 성경학자의 확인성 언급 두어 번이 그 문제에 대한 이들의 의구심을 완전히 해소했다.

이것은 신학적 획일성이 그리스도를 향한 충성의 측정이 될 때 불가피하게 나타나는 슬픈 현상이다. 성경은 더 이상 단독적으로 말할 수 없다. 올바른 이해를 위해서는 공인된 교사나 교재가 필요하다.

부부가 떠나기 전 잠시 이들의 성경을 살펴보아도 될지를 물었다. 저자의 주석이 붉은색으로 되어 있었기 때문에, 나는 예수님의 말씀에는 어떤 색을 사용했을지 확인하고 싶었다(일부 성경에서는 보통 예수님이 하신 말씀을 붉은색 글자로 표시한다―옮긴이).

붉은색으로 쓰인 주석

역설적이지만 우리가 신학적 획일성을 더욱 열렬히 추구할수록 성경은 뒷전으로 밀려나게 되는데, 이것은 운전석에 성경을 놓아두는 것을 자랑스러워하는 이들에게서도 마찬가지다. 획일성의 렌즈가 강요하는 것이 어렵거나 논란이 되는 성경 본문을 모든 사람이 완벽하게 똑같은 방식으로 해석하는 것이기 때문이다. 여기에는 다른 의견이나 사각지대, 단순한 잘못을 위한 여지가 없다. 단체가 정한 규칙을 지키지 않는 사람들은 버림을 받는다.

결국 우리는 성경적으로 어려운 질문이 등장할 때마다 그것의 "정확한" 대답을 찾기 위해 그 무리의 설명서를 뒤적여야만 한다. 우리의 대답과 신학이 성경으로부터 흘러나오는 대신 성경에 덧붙여진 대답과 신학 체계를 사용해 성경을 재해석하기에 이르는 것이다. 결국 성경은 우리가 이미 믿고 있는 것의 참고자료에 불과하다.

우리의 편이 아니라고 그분의 편이 아닌 것은 아니다

사역 초창기에 나는 사역의 협력을 위해서는 신학적 획일성이 꼭 필요하다고 생각했다. 나의 의무는 그리스도의 몸 안에 조금이라도 다른 것이 있는지를 조심스레 살피고 그것을 가능한 한

널리 폭로할 뿐 아니라, 가능한 한 빨리 몰아내거나 정지시키는 것이었다. 이것의 근본적인 전제는 우리 진영의 일부가 아니거나 우리에 완벽히 동의하지 않는 사람들은 우리를(그리고 또한 예수님을) 반대한다는 생각이었다.

나는 예수님이 여기에 동의하시지 않는다는 사실을 발견하고 충격을 받았다.

예수님이 이와 같은 생각을 부끄럽게 하신 것은 귀신 쫓는 일을 금하려는 제자들 중 일부를 나무라셨을 때였다. 이들은 예수님의 정규 수행원이 아닌 다른 누군가가 주의 이름으로 귀신을 내쫓는 장면을 목격했다. 이들은 그가 누구인지 알 수 없었다. 이전에 본 적도 없었다. 아마도 예수님이 가르치실 때 주변에 앉아 있던 사람들 중 하나로 모든 가르침을 흡수했으나 누구의 눈에도 띄지는 않은 사람이었을 것이다. 이 사람은 예수님이 약속된 메시아임을 믿고 그분의 이름으로 사역하고 있었던 것이 분명했다. 하지만 공식적인 팀의 일원이 아니었으므로 제자들은 그에게 그가 하고 있는 일을 위한 참된 자격이나 권리가 없다고 생각했다. 따라서 요한은 예수님께 자랑스럽게 말했다. "주여 어떤 사람이 주의 이름으로 귀신을 내쫓는 것을 우리가 보고 우리와 함께 따르지 아니하므로 금하였나이다."

그러나 예수님은 이렇게 말씀하셨다. "금하지 말라 너희를 **반대하지 않는** 자는 너희를 **위하는** 자니라." 다른 말로 하면 다음과 같다. "나의 나라는 네가 생각하는 것보다도 훨씬 크다. 너를 통하여 하지 않는다는 이유로 내가 하는 일을 방해하지 말라."[1]

제자들을 향한 예수님의 말씀은 참된 사역을 구성하는 것에 대한 나의 좁은 생각을 날려버렸다. 자신의 매임에 괴로움을 더하게 할 줄로 생각하여 투기와 분쟁과 다툼으로 그리스도를 전파했던 무리의 사람들을 향해 사도 바울이 보였던 반응도 마찬가지다. 분명 이들은 그의 진영에 있지 않았다. 이들의 동기는 잘못되어 있었다. 하지만 바울은 이들을 비난하는 대신 한 걸음 뒤로 물러나 더 큰 그림을 바라보았다. 그는 다음과 같이 기록했다. "그러면 무엇이냐 겉치레로 하나 참으로 하나 무슨 방도로 하든지 전파되는 것은 그리스도니 이로써 나는 기뻐하리라."[2]

아, 이것이 천국의 태도가 아닐까?

예수님과 바울은 우리 중 다수가 엄격한 신학적 획일성을 추구하는 가운데 잊은 것처럼 보이는 중요한 사실 두어 가지를 이해하고 있었다. (1) 하나님이 완벽하지 못한 사람들을 사용하신다는 사실과 (2) **우리의** 편이 아니라고 **그분의** 편이 아닌 것은 아니라는 사실이다.

싸울 만한 가치가 있는 일들

싸울 만한 가치가 있는 일들이 전혀 없다는 말은 아니다. 물론 있다. 예수님과 바리새인들은 열띤 논쟁을 벌이곤 했다. 그분은 이들과 이들의 가르침에 대해 가혹한 것들을 말씀하셨다(누군가에게 지옥행을 언급하는 것이 가혹한 일이라고 당신이 동의한다면 말이다).[3]

사도 바울 역시 마찬가지였다. 유대주의자들에 대한 비판이 대표적이다. 그는 거침이 없었다. 헬라인들이 구원을 받기 위해서는 할례를 받고, 유대 구약의 모든 율법을 따라야 한다는 이들의 주장에 바울은 그들이 스스로를 베어버리기를 원한다고 대답했다. 또한 그는 누구라도 잘못된 구원의 길을 제시하는 사람은 저주를 받을 것이라 이야기했다. 그리고 강조하기 위해 그것을 다시 한 번 언급하기까지 했다.[4]

하지만 여기에는 주목해야 할 중요한 사항이 있다. 이들 각각의 경우에(그리고 신약에 기록된 복음을 위한 열띤 논쟁의 다른 모든 예들을 볼 때) 논쟁이 구원의 핵심을 다룬다는 사실이다. 미묘한 차이가 아니다. 이들은 그 과정의 주의사항이나 상세내용, 세부사항에 대한 맹렬한 전투가 아니었다. 구원받을 권리가 누구에게 있고, 구원받기 위해 무엇을 해야만 하는지에 대한 논쟁들이었다.

예수님이 바리새인들과 종교 지도자들을 몰아붙이신 것도 마찬가지다. 이들은 그분이 구원하기 위하여 오신 죄인들의 접근을 막으려 했다. 이것은 사소한 신학적 다툼이 아니었다. 영원과 구원의 문제였다. 이것은 언제나 싸울 만한 가치가 있는 일이었다. 따라서 예수님은 바리새인들을 공개적으로 당혹스럽게 하셨으며, 조롱하셨고, 또 신랄하게 공격하셨다.

하지만 솔직해져 보자. 우리의 가장 열띤 논쟁들 대부분은 우리가 그것을 오해할 때 생기며, 우리를 지옥으로 보낼 만한 문제를 다루고 있지 않다. 이들 중 다수가 중요한—매우 중요한—문제를 다룬다는 사실은 인정하지만 이들을 영원의 문제로 일컫기는 어렵다. 우리가 그분의 가족을 분열시키고 성경을 덮어버리기까지 신학적 획일성을 추구하는 것을 하나님이 용납하실 거라는 생각이 지나친 것도 같은 이유에서다.

18장

견해의 차이를 인정하다
서로를 용납하는 것이 중요한 이유

내가 중고등부 목사로 섬겼던 교회는 이전까지 남성들로만 구성되었던 이사회에 여성들을 포함시키는 문제를 검토하기로 결정했다. 회의장에서 하룻밤 사이에 제3차 세계대전이 발발했다. 양측은 하나님이 자신의 편에 계시고, 악마가 반대편에 있다고 확신했다. 많은 성경 구절들이 오갔고, 미묘한 차이의 헬라어와 히브리어의 정의들이 밤늦게까지 논의되었다.

보완주의자들은 머리 됨과 복종을 말하는 성경의 모든 구절을 지목했다. 이들은 성경이 가정과 교회 모두에서 남성과 여성의 뚜렷이 다르지만 보완적인 역할을 묘사한다고 주장했다. 이들의 생각에 이사회를 남성으로만 구성하는 것은 매우 중요했다. 보완주의자들은 이사회에 여성을 포함시키면 하나님이 자신의 임재를 거두실 거라 확신했다.

평등주의자들은 그리스도 안에 있는 우리의 평등을 언급하는 성경 구절들로 반박했다. 이들은 성경 속에 남성과 여성 사이의 차이가 없음을 주장했다. 이들에게는 이사회에 여성을 포함시키는 것이 매우 중요했다. 평등주의자들은 이사회에 여성이 포함될 때 하나님이 부흥을 시작하시리라 확신했다.

그러던 중 한 무리의 교인들이 찾아와 내가 **자신들의 편에서** 싸움을 주도해줄 수 있을지를 물었다. 이들은 내가 이 주제를 연구한 것과 그것에 대해 강력한 의견을 갖고 있다는 사실을 알고 있었다. 또한 내가 목회자로서의 지위를 사용해 **자신들의 편을** 승리로 이끌어주기를 바랐다.

내가 거절했을 때 이들은 충격을 받았다. 내가 이 주제를 신중히 연구했고, 강력한 의견을 갖고 있으며, 또한 이것이 중요한 문제라고 생각했기 때문에, 이들은 내가 하나님 말씀의 올바른 적용으로 이해하는 바를 위해 왜 칼을 뽑아들지 않는지 이해하지 못했다.

나는 이 문제를 결정하는 것은 쉬운 일이라고 말했다. 내가 이 주제에 대해 신중히 연구했고 확고한 결론에 도달했다 할지라도, 다른 편에 있는 사람들 역시 성경을 사랑하고 신중히 연구했으며 성령의 인도하심을 구했다. 이들은 바보들이나 도덕적으로 타락한 사람들이 아니었다. 본문이 반론의 여지없이 명백한 것은 아니었다. 오늘날까지도 이것이 뜨거운 논쟁으로 남아 있는 까닭이다.

더욱 중요한 것은 내 성경에는 마음을 같이하고, 성령의 하나 됨을 애써 지키며, 겸손하고, 오래 참으며, 사랑하고, 용서하며, 내 형제자매들을 용납하고, 내 위에 있는 영적인 권위에 순종하라는 긴 목록의 명령들이 있다는 점이다. 모두가 동의하는 해석이 어려운 한 줌의 구절들을 두고 맹렬한 전쟁을 벌이기 위해 이와 같은 긴 목록의 분명한 명령에 불순종한다는 것이 내게는 타당해 보이지 않았다.

따라서 나는 이들에게 토론에는 기쁨으로 참여하겠지만 싸움을 주도하지는 않겠다고 이야기했다. 나의 의견을 피력할 것이나 그 다음에는 평화를 추구할 것이다. 만일 하나님이 이 문제를 나의 결정권 안에 두시면 나는 결정을 내릴 것이다. 하지만 그 전까지는 상황에 영향을 끼치거나 이들이 상황을 악화시키도록 돕지는 않을 것이다.

이들은 나의 대답을 그다지 기뻐하지 않았다. 하지만 하나님은 기뻐하셨을 거라 생각한다.

오늘날 내가 목회하고 있는 교회의 리더십 팀은 이 뜨거운 토론 주제에 대한 나의 이해를 반영하여 구성되었다. 하지만 흥미로운 점은 많은 사람이 이 논쟁의 양측에 대치하고 있음에도 불구하고, 이것이 수십 년 동안 사소한 문제로 취급되어왔다는 점이다. 우리는 이 문제뿐 아니라 남부 캘리포니아만큼이나 다양한 장소에서 부상하는 다른 많은 문제에 대해서도 서로를 용납하고 우선순위를 바로 하는 법을 배워왔다.

이와 같은 놀라운 하나 됨이 얼마만큼 내가 중고등부 목사 시절에 보였던 반응, 즉 나 자신의 선호와 이해보다는 그 몸의 하나 됨을 위해 싸우고자 했던 나의 결정에 대한 하나님의 은혜에서 기인한 것인지 종종 궁금해지곤 한다.

언젠가는 그분께 여쭈어보고 싶다. 내 생각에 그분의 대답은 다음과 같을 것 같다. "대부분."

셀롯과 세리

예수의 깃발 아래 서로 팔짱을 끼고 행진하기 위해 우리가 우리의 차이와 의견 다툼을 제쳐둘 때, 우리가 전하는 은혜와 긍휼, 용서의 메시지가 진짜임이 증명된다. 우리를 주목하는 세상을 향해 예수님이 진실로 이 땅의 모든 것보다 높으신 분이심을 선언하는 것이다. 그분이 **모든 것의** 주인이심을 말이다.

예수님이 셀롯이라는 시몬과 세리 마태를 자신의 핵심 일원으로 함께 선택하신 주된 이유들 중 하나가 여기에 있다고 나는 확신한다. 이보다 더 어울리지 않는 짝은 없었다. 이들에게는 조상인 아브라함과 예수님을 따르고자 하는 헌신을 제외하면 단 하나의 공통점도 없었다. 이것을 제외하면 이들은 본성상 원수였다.

시몬은 셀롯으로 로마의 압제자들을 타도하는 일에 헌신된 유대 혁명 단체의 일원이었다. 대부분의 유대인은 그를 영웅적인 자유 투사로 보았다. 반면 로마인들은 그를 정신 나간 민족주의적 폭도로 보았다.

마태는 로마 정부를 위해 일하는 세리였다. 그는 동료 유대인들로부터 과도한 세금을 걷어 그것을 로마 압제자들에게 넘겨주었다. 대부분의 유대인은 그를 비열한 배신자로 생각했다. 반면 로마인들은 그를 합리적이고 순응적인 패전국의 일원으로 생각했다.

만물의 순리 안에서 시몬과 마태는 서로를 싫어했을 것이다. 하지만 예수님이 자신을 따르라, 또 이후 자신의 열두 사도가 되라, 이들을 부르셨을 때 이들은 자신들의 차이를 제쳐두고 재빨리 그 기회를 붙들었다. 이것이 예수님을 보고 듣기 위해 나아왔던 군중에게 얼마나 강렬한 인상을 남겼을지 상상해보라. 그분은 기적을 이루시고, 놀라운 권위로 말씀하실 뿐 아니라 그분의 수행원들에는 셀롯과 세리가 포함되어 있었다.

대부분의 유대인에게 이것은 예수님의 다른 기적들과 같은 맥락이었는데, 죽은 자를 살리는 것보다는 한두 단계 아래일 수 있겠지만, 눈먼 자의 눈을 밝게 하는 것보다는 더욱 놀라운 일이 분명했다.

놀랍도록 다양한 신자들

이와 같은 종류의 놀라운 하나 됨은 초대 교회 역시 모범으로 삼았다. 예수님을 예배하기 위해 유대인과 헬라인, 종과 자유인, 남자와 여자들이 하나의 건물로 몰려드는 광경이 얼마나 충격적이었을지에 대해 과장해 말하기란 불가능하다. 계층 간의 구별과 시민권의 신분, 교차가 불가능한 사회 경계선 안에 세워진 문화 속에서 이것은 상상하기 어려운 일이었다. 다양한 무리의(게다가 보통은 서로를 혐오하는 무리의) 사람들을 연합하는 예수님의 능력은 그분의 권위와 으뜸 되심에 대하여 많은 것을 시사했다. 그분이 진실로 부활하신 하나님의 아들이시라는 주장에 신빙성을 더했다.

오늘날 우리는 교회 안에서 증가하는 인종의 다양성을 크게 강조한다. 이것은 좋은 일이다. 꼭 필요한 일이다. 하지만 참으로 모자이크적인 교회를 위해서는 단순한 인종적·사회 경제적 다양성 이상이 필요하다. 또한 우리는 정치와 신학, 그리고 사역의 우선순위라는 영역 안에서 우리가 가지고 있는 격정적이고 상호 배타적인 의견들을 해소해나가야 한다.

세상은 현대판 셀롯 시몬과 세리 마태가 주 예수를 위하여 서로 어울리는 법을 배울 수 있을지를 지켜보고 있다. 그렇지 못할 때 이들이 더 이상 우리의 말에 귀를 기울이지 않는다고 놀랄 필요는 없다. 예수님의 경고에 따르면 우리가 서로 어울리지 못할 때 사람들은 그분이 하나님의 아들이심과 우리가 그분의 제자라는 사실을 믿기 어려워할 것이기 때문이다. 우리가 모래상자 안에서 즐겁게 어울리지 못할 때마다 그것은 밖에 있는 사람들에게 우리를 체념하고 혐오감으로 가득 차 고개를 내저으며 다음과 같이 묻도록 할 좋은 이유가 된다. "이런 가족을 거느린 하나님은 도대체 어떤 하나님이야?"[1]

서로를 용납하는 것

예수님을 **모든 것의** 주인으로 높이는 종류의 하나 됨을 창조하고 유지하기 위해, 우리는 진실로 서로를 용납한다는 것이 무엇을 의미하는지 알아야 한다. 내가 염려하는 것은 오늘날 많은 그리스도인에게 서로를 용납한다는 것이 순종해야 할 명령이 아닌 진부한 표현, 즉 외워야 할 성경 구절에 불과하다는 점이다.[2]

서로를 용납한다는 것을 정의하면 사심이 없는 순종의 행위다. 자신을 버리고 간과하고 싶지 않은 것들을 못 본 척하는 것이다. 실질적이고 골이 깊은 차이점과 의견 대립을 해결해가는 것이다. 다른 사람들이 완전히 틀렸을 때라도, 내가 그러했을 때 예수님이 내게 허락해주셨던 것과 같은 은혜와 긍휼, 인내를 그들에게 내미는 것이다.

앞서 언급한 대로 이단을 간과하거나 다른 복음을 받아들이고 난폭한 죄를 무시하라는 말이 아니다. 우리가 열정을 느끼는 본질과 상황의 문제들에 대하여 서로의 견해 차이를 인정하자는 말이다. 작은 문제들에만 눈감아준다면, 그것은 서로를 용납하는 것이 아니다. 당연한 예의를 갖추는 것일 뿐이다.

최악의 격전

이상하게도 때로는 가까운 사람들을 용납하기가 가장 어렵다. 우리는 그리스도 안에 있는 짜증스럽고 고집 센 형제자매들보다

비그리스도인들을 용납하는 것에 더 탁월하다. 우리가 벌이는 가장 상스럽고 험악한 싸움은 우리가 속한 무리의 일원들과의 싸움이다. 우리는 동족을 잡아먹는 사람들로 알려져 있다.

그러한 면에서 우리는 예수님 시대의 바리새인들과 많은 부분이 비슷할 수 있다. 이들은 군중을 업신여기는 것에서 그치지 않고, 일부의 동료 바리새인들도 무시했다. 바리새인이 되는 것으로는 부족했다. **제대로 된** 바리새인이 되어야 했다.

내가 볼 때 오늘날에도 크게 달라진 것 같지 않다. 스스로를 제대로 배우고 깊이 헌신된 그리스도인이라 생각하는 사람들은 단순히 내가 동료 그리스도인인지를 묻는 것에 만족하지 않는다. 이들은 내가 **제대로 된** 그리스도인인지를 알고 싶어한다. 그것을 간단히 확인하고자 이들은 아홉 개에 달하는 추가 질문들을 던진다. 나는 모든 질문에 잘 대답해야 한다.

이것은 그리스도 안에 있는 우리의 하나 됨을 파괴하고, 그것을 획일성이라는 가짜 대체물과 맞바꾸기 때문에 비극이다. 하나님의 영광스러운 나라를 취해 서로 지속적으로 싸우는 작은 영지들로 분열시킨다.

진부하지만 사실인 표현

그렇다면 우리는 어떻게 중요하면서 매우 현실적인 우리의 차이를 숨기지 않고 위급한 문제를 소홀히 다루지 않는 방식으로 실제 서로를 용납할 수 있을까?

나는 이 문제에 도움이 될 만한 아주 오래된 진부한 표현 하나를 찾아냈다. 당신도 들어본 적이 있겠지만 "죄는 미워하되 사람은 미워하지 말라"는 표현이다. 이것은 보통 우리와 신앙 밖의 사람들과의 관계에 적용된다. 하지만 어리석은 견해와 엉성한 신학, 당혹스러운 습관을 지닌 동료 신자들에게도 적용될 필요가 있다.

사도 요한은 다음과 같이 표현했다. "빛 가운데 있다 하면서 그 형제나 자매를 미워하는 자는 지금까지 어둠에 있는 자요 그의 형제나 자매를 사랑하는 자는 빛 가운데 거하여 자기 속에 거리낌이 없으나 그의 형제나 자매를 미워하는 자는 어둠에 있고 또 어둠에 행하며 갈 곳을 알지 못하나니 이는 그 어둠이 그의 눈을 멀게 하였음이라."[3]

이전에 나는 이 본문을 읽으며 나 자신에 대해 좋은 생각을 품었었다. "나는 누구도 미워하지 않아. 이것은 무척이나 강한 단어야." 하지만 나는 곧 요한이 이 본문에서 사용한 헬라어 *miseo* 가 사람을 죽일 듯한 증오를 뜻하지 않는다는 사실을 발견했다. 이것은 단순히 어떤 사람이나 사물을 싫어한다는 뜻이었다.

더 이상 나는 나에 대해 마냥 좋은 생각을 품을 수 없었다. 내가 이 본문의 전체적인 암시와 이 단어의 의미를 처음 깨달았을 때가 기억난다. 나의 할 말은 오직 "주여, 나를 용서하소서!"뿐이었다.

궁극적으로 우리는 선택을 할 수 있다.

우리는 영적 하나 됨이라는 빛 가운데 살 수도 있고, 그것을 부인하며 살 수도 있다. 예수님을 향한 충성이라는 공통점에 집중할 수도 있고, 많은 영역 속 중요한 의견 다툼에 집중할 수도 있다. 서로를 용납할 수도 있고, 싸우고 분열할 수도 있다. 형제 사이에 사랑의 씨앗을 심을 수도 있고, 다툼의 씨앗을 심을 수도 있다. 믿지 않는 사람들에게 "와, 이 사람들이 서로를 사랑하는 것을 좀 봐"라는 소리를 들을 수도 있고, "이런 가족을 거느린 하나님은 도대체 어떤 하나님이야?"라는 소리를 들을 수도 있다.

6부를 위한 토의 질문

획일성의 추구

1. 6부를 읽은 후 당신은 **획일성**과 **하나 됨**의 차이를 어떻게 정의하겠는가?

2. 획일성의 추구가 성경적인 하나 됨의 가능성을 파괴하는 상황을 직접 목격한 적이 있는가? 그때 어떠한 일이 일어났는가? 당신은 무엇을 배웠는가?

3. 만일 당신 무리의 경계표지와 암호, 붉은색으로 표시된 교사들을 나열해야 한다면, 이 목록은 어떠한 모습일까? 최대한 구체적으로 답변해보라.

   a. 만일 당신 무리에 바깥의 사람이 들어오기를 원한다면, 그는 이와 같은 것들을 어떻게 배울 수 있을까?

   b. 신약의 예수님은 이와 같은 경계의 안쪽이나 바깥쪽 중 어디에 계시겠는가?

4. 본문에서 살펴보았듯, 싸울 만한 가치가 있는 일들이 있다. 당신은 구체적으로 어떠한 문제들이 그 목록에 있어야 한다고 생각하는가? 어떤 문제가 싸울 만한 가치가 있을 때와 "견해의 차이를 인정하는 것"이 최선인 때를 결정짓기 위해, 당신은 어떠한 여과 장치를 사용

하는가?

5. 0부터 10까지의 척도를 사용해 단순한 인종적 다양성이 아닌 당신 회중의 다양성을 어떻게 평가하겠는가? (0=우리는 복제생물이다. 10=우리는 깜짝 놀랄 만큼 다르다.) 당신의 개인적인 관계와 친구들과 교제권, 그리고 동료들의 기독교적 다양성을 어떻게 평가하겠는가?

6. 6부를 돌아볼 때 새로운 통찰이나 중요한 원리로 당신의 눈에 가장 먼저 띈 한 가지는 무엇인가? 그 이유는 무엇인가? 당신은 그것에 어떻게 반응할 계획인가?

은사의 투영

나의 소명이 다른 모든 사람들의 소명이 될 때

Accidental Pharisees

초콜릿으로 덮인 오만

은사 투영의 어두운 측면

그리스도를 따르기 시작한 직후부터 내게는 말씀을 향한 만족할 줄 모르는 욕구가 있었다. 나는 밤늦게까지 말씀을 읽고, 관주 구절을 뒤적거리고, 여백에는 메모를 남겼다. 눈을 감고도 특정 구절이 몇 페이지 어디 즈음에 있는지를 기억할 수 있었다.

나는 모든 사람이 그럴 수 있다고 생각했다.

나는 하나님의 말씀에 대한 나의 갈급함을 예수님을 향한 나의 우월한 헌신의 증거로 생각했다. 구원받은 사람에게 어떻게 성경이 말하는 모든 것을 깨닫고자 하는 갈망이 없는지 나는 이해할 수 없었다. 나는 성경을 깊이 공부하지 않는 사람들을 영적인 열의가 없고, 게으른 자들이라 간주했다.

하나님의 말씀을 향해 커져만 가는 나의 갈급함이 내 영적 은사와 내 삶을 향한 미래 하나님의 부르심과 연관되어 있을 수 있다는 생각은 전혀 하지 못했다. 돌아보면 하나님이 내가 가르치기를 원하시는 책에 대해 열정을 주신 것은 당연한 일이었다. 하지만 내가 미숙한 상태였을 때 나는 이러한 갈급함이 하나님이 자신의 부르심을 위하여 손수 허락해주신 갈망이라 생각하지 못했다. 내 우월한 영적 열심의 증거로 보았다.

당시에는 알지 못했지만 나는 은사의 투영, 즉 모든 사람들이 나와 같거나―혹은 성숙해지면 나와 같아질 수 있고―하나님이 내게 주신 은사와 부르심이 무엇이든 모든 사람들 또한 그것을 행해야만 한다고 생각하는 오만을 심하게 앓고 있었다.

낮은 수준의 은사 투영

우리는 낮은 수준의 은사 투영gift projection을 어느 정도 가지고 있다. 그러지 않기란 어렵다. 우리는 경험이라는 렌즈를 통해 인생을 바라보고 해석한다. 이것이 우리에게 있는 유일한 렌즈다. 따라서 다른 사람들이 우리와 같은 것을 보고 느끼기를 기대하는 것은 당연한 일이다.

예를 들어 자녀를 기르거나 새신자를 양육하는 방법을 생각해 보라. 우리의 주된 관심은 이들을 올바른 정보와 올바른 경험에 노출시키는 것이다. 우리는 이들을 프로그램화되기를 기다리는 백지상태처럼 대우한다. 정보와 환경이 유전자와 성격을 이긴다고 생각한다.

하지만 인생은 그렇게 쉽게 돌아가지 않는다. 우리는 백지상태로 만들어지지 않았다. 우리 각자에게는 잡음을 만들어내는 죄의 본성은 물론이고 자기 자신만의 독특한 유전자와 성격적 특성, 영적 은사가 있다. 우리 중 누구도 똑같은 자극에 똑같은 방식으로 반응하지 않는다. 사실 당신이 내가 살아온 삶을 그대로 살아왔다고 해도(즉 당신이 내가 아는 것을 알고, 내가 경험한 모든 것을 경험했다고 해도), 당신은 여전히 내가 될 수도, 모든 것에 나와 같은 의견을 갖기도 어렵다. 우리는 서로 다르다.

하지만 이것은 터득하기 어려운 교훈이다. 우리가 인생을 바라보는 방식을 거스른다. 나의 큰 아들 나단이 태어났을 때가 떠오른다. 나와 아내는 아이가 건강 음식을 먹고, 폭력을 전혀 접하지 않고 자라면 좋겠다고 생각했다. 우리 부부는 아이를 설탕과 장난감 총, 텔레비전으로부터 격리시켰다. 잘 통제된 환경이 유전자와 인간의 본성을 쉽게 이길거라 생각했다. 아이의 돌 사진이 애처로운 것은 이러한 이유 때문이다. 아이는 우리 생각에 적정한 수준의 장난감들과 하나의 초가 꽂힌 무가당 당근 머핀 앞에 앉아 있다.

좋은 점들도 많았다.

얼마 지나지 않아 모든 막대기가 광선 검이나 전기 충격 총으로 둔갑했다. 할머니가 크리스마스 선물로 뭐가 갖고 싶은지를 물었을 때, 아이는 즉시 "총이요!"라고 대답했다.

셋째가 돌을 맞이할 때쯤 우리는 그동안의 경험을 통해 깨달은 게 있었다. 우리 아이들은 덜 마른 시멘트가 아니었다. 우리가 영향을 미칠 수는 있지만, 통제할 수는 없었다. 따라서 우리는 돼지 기름이 주성분인 당을 바른 초콜릿 케이크를 차려주었다. 탱크 장난감과 글록 총도 사주었던 것 같다.

이와 같은 낮은 수준의 은사 투영은 비현실적인 기대와 일률적인 제자훈련, 우리가 그래야 한다고 생각하는 대로 반응하지 않는 다른 이들을 향한 실망으로 이어질 수는 있지만 하나님과의 동행에서 벗어나게 하지는 않는다. 그리스도의 몸을 분열시키지도 않는다.

그러나 만개한 은사 투영의 경우는 다르다. 이것은 심각하다. 나는 이것을 초콜릿으로 덮인 오만이라고 부르는데, 겉으로는 건강한 영적 열심처럼 보이지만 안에서는 죄악 된 교만과 오만으로 가득 차 있기 때문이다. 이것은 우리로 하여금 다른 사람을 업신여기고 다툼을 심고 많은 거짓 죄책감을 만들어내도록 한다. 더욱 심각한 것은 은사 투영이 만개할수록, 하나님이 특별히 우리를 기뻐하시고 다른 모든 사람을 꾸짖으신다고 생각하게 된다는 점인데, 이것은 전혀 사실이 아니다.

만개한 은사 투영

만개한 은사 투영에 대해 가장 먼저 알아야 할 사실은 이것이 영적 열정을 지닌 사람들에게서 나타나는 죄라는 점이다. 무관심하거나 뜨뜻미지근한 사람들 사이에서는 이것을 찾아볼 수 없다. 열심 있고, 매우 헌신적이며, 무엇보다도 주님을 기쁘시게 하고 싶어하는 사람들에게서만 찾아볼 수 있다.

문제는 영적 열심이 아니다. 우리는 열심을 품으라는 부르심을 받았다.[1] 문제는 우리가 영적 열심을 기독교를 특징짓는 지나치게 개인화된 영성과 혼합할 때 생겨난다. 이것은 해로운 조합이다.

설명해보자.

내가 우주의 중심이야

우리는 성경 속의 모든 '너'를 일인칭 단수 대명사로 읽는 경향이 있는데, 실제 대부분의 경우 이것은 '너희'를 뜻하는 복수다. 우리는 모든 언약과 명령이 우리만을 위한 것이고, 우리와 우리 환경에 직접적으로 겨냥된 것인 양 취급한다. 역사적인 문맥 혹은 구체적인 명령이나 언약이 원래 주어졌던 실제 인물들에는 별 관심을 두지 않는다.

한편 이것이 우리가 성경을 인생 설명서로 다루게 한다면 좋을 수도 있다. 하지만 다른 한편으로는 나쁠 수도 있는데, 특별히 내가 하나님의 우주의 중심이라는 왜곡된 영성을 장려할 때 그렇다.

예를 들어 폭우가 내리는 날, 정문 바로 옆에 주차하고 싶을 때, 내가 하나님의 우주의 중심이라는 영성은 하나님을 그 가게 안에 있는 누군가로 하여금 우리가 그곳을 지나는 찰나에 그의 차를 빼도록 하시는 분으로 바라본다. 이것을 그분의 인자하심의 증거로 여긴다. 만일 자리가 나지 않는다면, 하나님이 우리의 인내와 인격의 성장을 도우시기 위해 가게 안에 있는 모든 사람을 기다리게 하셨다고 추측한다.

하나님이 우리 개개인을 알지 못하신다거나 상관하지 않으신다는 이야기가 아니다. 물론 하나님은 그렇게 하신다. 어쩌면 주차 공간을 주실 수도 있다. 잘은 모르겠지만 말이다. 하지만 확신하건대 다른 나라의 핍박받는 성도들이 우리의 삶에서 인내와 인격을 만들어내시기 위해 우리를 빗속에서 몇십 미터를 걷게 하시는 주차 요원이 된 하나님의 개념을 듣는다면 이들은 깜짝 놀라 기절하고 말 것이다.

지나치게 개인화된 영성에 대한 이러한 경고가 이토록 중요한 이유가 여기에 있다. 이것이 우리의 삶에 뿌리를 내리도록 할 뿐 아니라 우리의 삶을 향한 하나님의 부르심에 대한 열심 있는 추구와 혼합되게 할 때 만개한 은사 투영의 덫에 빠져들지 않기란 거의 불가능하다. 내가 우주의 중심이라고 생각하는 한 나의 은사와 부르심 역시 그와 마찬가지인 것은 당연한 일이다.

나는 당신이 필요하지 않아

이런 식으로 생각하기 시작할 때, 우리의 것에 부합하지 않는 은사와 소명을 가진 사람들을 책망하고 체념하게 되는 것은 시간 문제다. 그리스도의 몸이라는 사도 바울의 비유를 빌리자면, 이 과정은 보통 다음과 같이 진행된다.

당신이 만약 눈이라면, 당신은 보지 못한다는 이유로 귀를 부수적이고 열등한 부속물로 평가 절하하기 시작할 것이다. 특별한 시각 컨퍼런스에 참석해 다른 눈들과 모여 시각의 아름다움을 나누고, 당신의 시력을 향상시켜줄 새로운 방법들을 배우고, 나머지 몸을 괴롭게 하는 끔찍한 맹목을 한탄하는 강연을 들을 것이다. 결국에는 시각에 집중하는 교회를 찾아 최신의 성경적 검안을 공부하고, 눈이 먼 세상에서 분명히 볼 수 있는 자신을 자랑스러워하겠지만, 당신과 당신의 눈 친구들이 더 이상 보는 것 외에는 아무것도 하지 못한다는 사실은 눈치 채지 못한다. 당신에게는 걸을 수 있는 발도, 말할 수 있는 입도, 들을 수 있는 귀도 없어 오직 당신 자신의 생각만을 듣게 된다.[2]

이러한 양식이 당신의 삶에 형성되기 시작하는 것이 보인다면 나는 당신에게 경고할 것이다. 도망쳐라! 당신과 같지 않은 사람들에 대한 실망이 커질수록, 당신은 이것을 인식할 수 있다. 그리스도의 몸 전체의 아름다움과 장엄함에 대한 감사가 회복될 때까지 당신의 은사와 소명을 공유하는 사람들로부터 가능한 한 멀리 달아나라. 그 이후 은사 투영의 교만한 열심이 아닌 겸손의 영을 가지고 하나님이 당신에게 주신 소명과 은사로 돌아가라.

그날의 정취

내가 알게 된 또 다른 사실이 있다. 어떤 영적 은사와 소명이 사람들의 우러름을 받는지는 우리가 생각하는 것 이상으로 세상 문화와 깊은 관련이 있다. 당시의 가치와 열정에 가장 잘 어울리는 것이 그날의 정취가 된다.

예를 들어, 식민주의 시대에는 해외 선교지로 부름 받은 사람들이 영적 헌신의 전형적인 예로 손꼽혔다. 하나님 나라의 경계를 확장하기 위해 기꺼이 모든 것을 버리려는 이들의 의지는 당시의 우세한 가치와 잘 어울렸다. 설교와 책, 컨퍼런스들이 해외 선교를 모든 그리스도인이 고려해야 할 유일한 소명으로 치켜든 것은 놀라운 일이 아니었다. 실제 하나님이 모든 사람을 해외 선교지에 가도록 부르셨다는 사실은 당연하게 받아들여졌고 유일한 질문은 누가 그 부르심에 귀를 기울일 만큼 헌신되어 있느냐였다.

1980년대와 1990년대로 돌아가 보자. 지금 우리 문화는 강하고 성공한 리더에 현혹되어 있다. 모든 사람이 MBA를 받고 싶어 한다. 리더십에 관한 책과 컨퍼런스들이 유행이다. 선교 컨퍼런스는 시들해졌다. 갑자기 리더십이라는 영적 은사가 그날의 정취로 등장했다.[3] 재능 있는 리더들은 누구라도 열심히 하려는 의지가 있고, 얼마의 지혜를 얻어 자신을 주님께 온전히 드리기만 하면 탁월한 리더가 될 수 있다고 책을 쓰고, 사람들로 가득한 컨퍼런스에서 강연을 한다. 이름도 열매도 없이 신실하게 수고하는 사람들은 더 이상 (이전 해외 선교의 시대에서와 같이) 신실하다 여겨지지 않는다. 사람들은 이들을 비효율적이라 생각한다. 패배자로 단정 짓는다.

더 최근에 이르러서 우리 문화는 다시 한 번 변화했다. 이번에 우리는 목적과 사랑에 빠졌다. 모든 사람이 손목에 밴드를 차고 선호하는 자선 단체를 만들었고, 그렇지 않은 사람을 향해서는 의문을 가진다. 대기업들도 이러한 시류에 편승했다. 기업들은 사회적 책임감이 있다는 이미지를 갖고 싶어했다. 긍휼과 공의의 사역 최전방에서 섬기도록 부름 받은 이들이 오늘날 새로운 총아라는 사실은 놀랍지가 않다. 재정적인 희생을 기꺼이 치르고 해외로 나가고, 빈민 지역으로 들어가고자 하는 이들의 의지는 우리 문화의 사회의식과 완벽하게 맞아 떨어진다. 이러한 이유로 이들은 기꺼이 헌신된 그리스도의 제자로 분류되기 위해 모든 사람이 맞아 들어가야 할 최신 틀이 되었다.

당신의 은사와 소명이 그날의 정취와 공교롭게도 일치한다면, 당신은 많은 격려와 후원을 기대할 수 있다. 사람들은 당신을 우러러볼 것이다. 하지만 조심해라. 심각한 은사 투영으로의 유혹도 만만치 않을 것이다.

당신의 은사와 소명이 그날의 정취와 일치하지 않는다면, 심각한 자기 회의와 많은 비판, 당신의 은사와 소명을 중요하게 생각하지 않는 사람들의 몰이해를 예상할 수 있다.

불필요한 죄책감

은사 투영의 어두운 측면에 대해 우리가 이해해야 할 마지막 사실은, 이것이 피해자가 없는 죄가 아니라는 점이다. 은사 투영으로 우쭐해진 우리 일부만을 아프게 하는 것이 아니다. 우리가 은사를 투영하는 사람들도 아프게 한다. 불필요한 죄책감을 많이 만들어낸다.

"하나님을 위한 당신의 노력은 충분하지 않다"는 책이 새롭게 베스트셀러 목록에 오를 때마다 내가 목격하는 것이다. 내 메일

함은 자신이 가진 모든 것으로 하나님을 섬기고 싶지만 지금 막 읽은 책의 저자나 강연회의 강사들과 같은 은사나 소명, 혹은 기회가 없어 죄책감에 시달리는 친구들과 교인들의 가엾은 애원의 메시지로 가득 찬다. 이들은 표현력이 풍부한 저자와 강사들의 은사 투영으로 뭇매를 맞은 뛰어난 그리스도인들(무심한 이들은 절대로 이것 때문에 염려하지 않는다)이다. 이들은 내게 다음과 같은 이메일을 보내온다.[4]

목사님께,

저는 지금 막 "**당신 역시 내가 부름 받은 일을 해야만 한다**"라는 책을 읽었는데 마음이 너무나도 심란해 무엇에도 집중하기가 어렵습니다.

저희는 부유하지도 않고, 대부분의 사람의 눈에는 물질주의적으로 비치지도 않을 겁니다. 저희의 일 년 수입은 삼천이백만 원 정도입니다. 저희는 십일조를 하고 헌 옷을 입고 해외 어린이 한 명을 후원하고 있습니다. 신용카드는 전혀 사용하지 않으며, 부채도 없기 때문에 나름 성실하게 살고 있다고 생각합니다. 하지만 재정적으로 낙담이 많이 됩니다.

그래도 저희는 집도 있고, 굶어본 적도 없으며, 다른 사람들에게는 없는 깨끗한 물도 있습니다. 게다가 저에게는 화장품, 칼리에게는 동물인형, 제이콥에게는 비디오 게임과 같은 기쁨을 위한 소비도 합니다. 굶주리는 사람들도 있는데 이래도 괜찮을까요? 어디가 한계선이죠?

가장 두려운 생각은 제가 부자 청년이 아닐까 하는 거예요. 저는 가난한 이들을 위해 제 **모든** 소유를 포기하고 그분을 따르겠다고 말하지 못할 것 같아요. 이렇게 쓰고 있는 지금도 기분이 좋지는 않아요. 하지만 저 자신에게 잔인하리만큼 솔직해져야 한다고 생각했어요. 여기서 영원의 문제를 다루고 있는 거잖아요. 이것을 오해하고 싶지는 않아요.

존 웨슬리가 한 달 생존을 위해서는 삼만 원이면 충분하기 때문에 나머지는 모두 나누어주고 그것으로만 생활했다는 내용을 읽은 기억이 나요. 저는 그와 같은 생각이 당혹스러웠고…제가 당혹감을 느꼈다는 사실에 또 당혹감을 느꼈어요. 저는 이 문제 때문에 아무것도 못하겠어요. 어떻게 해야 하죠?

여기 또 다른 편지가 있다.

목사님,
여쭈어볼 것이 있습니다. 저는 제가 저의 삶을 산 제물로 드렸다고 주장하지만, 여전히 서핑과 집수리, 취미, 퇴근 후 영화 관람과 같은 여가 활동을 즐깁니다. 이래도 괜찮은가요? 아니면 이러한 것들에 더 이상 시간을 낭비하지 말고 하나님을 섬기는 데 더 많은 시간을 써야 할까요? 저는 하나님을 실망시키고 싶지 않습니다. 하지만 저 자신을 위한 시간도 필요하다고 생각합니다. 어쩌면 아닐 수도 있겠지요.

두 개의 편지가 더 있다.

목사님,
저는 가정과 남편, 아이들을 돌봅니다. 또 격주로는 교회 봉사도 하고, 알츠하이머를 앓고 계신 엄마도 찾아뵙고, 친구들도 돕습니다. 가끔은 제가 여가 시간을 갖고 저 자신을 위해 무언가를 해도 괜찮을까요? 때때로 하나님을 섬기는 일이 너무 피곤해 무엇을 해야 할지도 모를 지경입니다. 그래서는 안 되는 것을 알지만 그렇습니다. 천국에 가서 제가 값싼 장신구들만 잔뜩 쌓아두었다는 사실을 발견할까 봐 걱정이 됩니다.

목사님,
저는 지금 막 "**빈민지역 단기선교**"에 대한 강의를 들었는데 매우 걱정이 됩니다. 무엇을 해야 할지 모르겠습니다. 저는 미래가 불투명한 직업에 종사하는데 사실 방세와 아내의 학자금을 지불하기 위해 돈이 더 필요해서 두 개의 직업을 가져야 했습니다. 더 많이 나누어야 한다는 것을 알지만 이대로도 가계를 꾸려가기가 어려운 상황입니다. 다음 달 아이티로 선교 여행을 가야 한다고도 생각하지만 상사는 제 근무 기간이 일 년을 채우기까지 휴가를 전혀 주지 않으려 하고, 거기다 아내는 제가 휴가를 자신과 아이들과 함께 보내기를 바랄 것입니다. 이것이 예수님께 괜찮을까요? 저의 노력이 부족한 것을 잘 압니다. 그런데 어떻게 해야 할지를 잘 모르겠어요.

이러한 이메일들은 나의 마음을 비통하게 한다. 예수님의 마음 역시 비통하게 할 것이라 확신한다. 예수님은 수고하고 무거운 짐 진 자들에게 자신에게로 와서 쉬라 말씀하셨다. 가벼운 짐과 쉬운 멍에를 약속하셨다. 사람들에게 지속적으로 짐을 더하고, 끊임없이 더 많은 것을 요구했던 이들은 당시의 바리새인들이었다. 우리 시대 우연한 바리새인들은 이와 같은 일을 지속한다.

성경은 사탄을, 형제들을 참소하던 자라고 부른다.[5] 예수님은 대언자로 불리신다.[6] 만일 당신이 자신 안에서 은사 투영의 경향을 발견한다면 당신이 누구의 일을 행하고 있는지를 기억하라. 다른 모든 이들을 위한 하나님의 뜻을 알고 나누어주는 것처럼 행동하면서 우연한 바리새인의 자리를 꿰차는 것보다 더 위험한 일은 없다.

만일 당신이 다른 사람의 은사 투영을 떠안는 경향이 있다면 하나님은 당신이 다른 사람들이 당신에게 바라는 것이 아닌 자신이 당신에게 주신 은사와 소명을 행하기를 원하신다는 사실을 기억하라. 당신의 은사를 사용하고, 그분의 영광을 위한 당신의 소명을 완수하면서 그분의 뜻 가운데 머무는 것보다 나은 것은 없다.

손의 세상에서 발이 되기가 쉽지 않을 수도 있다. 하지만 하나님이 당신을 그리스도의 몸 안에서 발이 되도록 만드셨다면 손이 되고자 노력하지 마라. 물론 손들은 당신과 당신이 하는 일을 그렇게 높이 생각하지 않을 수도 있다. 하지만 확실한 것은 당신이 없이 이들은 결코 멀리 나아갈 수 없다.

은사 질투와 죄책감에 의한 충동

복음전도자들과 선교사들, 성경 교사들로 인해
우리가 죄책감을 느끼게 되는 이유

●

　복음전도의 은사가 있는 내 친구들은 내가 죄책감을 느끼게 한다. 때로는 고의적이다. 하지만 대부분의 경우는 그렇지 않다. 단지 그들다움과 나다움의 문제다.

　이들은 식당에 가서도, 즉시 대화를 영적인 것으로 몰아간다. 식사가 끝나기 전까지 종업원이 그리스도를 영접하지 않으면 실망한다. 복음을 나눌 기회를 한 번 더 확보하기 위해 디저트도 주문할 것이다.

　반면 나는 식당에 가면, 좋은 자리를 찾아 앉는다. 종업원과 중요한 영적 대화를 시도한다면, 그녀는 내가 자신에게 수작을 걸고 있다고 생각할 것이다. 그리스도를 영접하기 위한 기도보다는 매니저를 불러올 가능성이 크다. 내가 디저트를 주문하는 이유는 아이스크림이라면 사족을 못 쓰기 때문이다.

비행기에서도 마찬가지다. 복음전도의 은사가 있는 내 친구들은 자신들의 옆자리에 강경한 이교도가 앉기를 기도한다. 그러고는 그를 그리스도께로 인도한다. 나는 내 옆자리에 아무도 앉지 않기를 기도한다. 그런데 냄새 나는 뚱뚱한 남자가 비행 내내 헤드폰을 끼고 그 자리에 앉아 있다.

또한 나는 흰색 셔츠를 입은 두 명의 남자(모르몬교 선교사—옮긴이)가 자전거를 타고 우리 집 진입로에 들어설 때마다 옷장 안으로 몸을 숨긴다. 그들이 떠나기 전까지 나오지 않는다.

복음전도의 은사가 있는 내 친구들에게, 이러한 상황들은 내가 잃어버린 영혼들에 관심이 없고 영원의 심각성을 이해하지 못한다는 확실한 증거가 된다. 그렇지 않다면 나는 종업원을 그리스도께로 이끌고, 비행기에서 잃어버린 영혼이 내 옆에 앉기를 기도하며, 자전거를 탄 남자들을 잡아 세워야 한다.

따라서 이들은 나를 위해 기도한다. 아주 많이.

하지만 좀 더 적극적으로 전도하지 못하는 것에 대해 내가 느끼는 죄책감들은 내 친구들의 잘못이 아니다. 우리 모두가 그렇듯 이들 역시 내게 낮은 수준의 은사 투영을 하는 것은 분명하지만 만개하고 사악한 오만의 형태는 아니다. 이것이 내가 죄책감을 느끼는 이유는 아니다. 내가 죄책감을 느끼는 이유는 내가 때때로 **은사 질투**gift envy와 씨름하기 때문이다. 확신하건대 독자들 중 다수도 그러할 것이다.

은사 질투

은사 질투는 은사 투영의 다른 면이다. 이것은 보통 우리가 하나님 나라에서 특별히 중요하다고 생각하고 자신이 그것에 좀 더 탁월했으면 하고 바라는 것에 적용된다.

내게는 복음전도가 그렇다. 나를 오해하지는 마라. 나는 내 믿음을 나누고 있다. 또 많은 사람을 그리스도에게로 인도해왔다. 잃어버린 영혼에 대한 관심과 이들에 다가가는 은사가 없이 목사가 되기란 어렵다. 하지만 전혀 안면이 없는 사람들에게 예수님에 대한 이야기를 해야 한다거나 복음에 대해 확신에 찬 주장을 해야 할 때, 나는 말문이 막힌다. 내 잡담의 은사는 종적을 감춘다. 당신도 낯을 가리거나, 즉흥적인 사고에 약하고, 대답하기 전 질문을 실제로 알기 원하거나, 혹은 당신의 소그룹이 "참된 그리스도인답게 믿음을 나누는 법"을 공부했을 때 배운 인상적이었던 변증론 전부를 기억하기 어려워하는 사람일 수 있다. 만일 그렇다면 지금 내가 무슨 말을 하는지 이해할 것이다.

이와 같은 은사 질투는 성경 교사와 선교사, 그리고 영적 위험을 무릅쓰는 사람들을 향해서도 일어난다. 우리가 하나님의 말씀을 알고, 잃어버린 영혼에 다가서며, 믿음의 걸음을 떼는 것에 가치를 두는 까닭에 이러한 은사를 가진 사람들은 그렇지 못한 다른 사람 안에 심각한 은사 질투를 일으킬 수 있다.

많은 사람이 이와 같은 세간의 이목을 끄는 은사와 소명을 가진 사람들의 주변을 서성이며 자기 자신을 영적 쓰레기로 느끼고 자신이 다른 사람이 되기를 바라는 이유를 알아보기 위해 이들 각각을 살펴보도록 하자. 이것은 이들의 공개 강단과 더불어 오는 독특한 힘과 위험을 이해하는 것에서 출발한다.

공개 강단

복음전도자와 목회자, 교사, 사역 리더, 교회 개척자, 그리고 선교사들에게는 공개 강단(public platform)이 있기 때문에 자신과 굉장히 흡사해 보이는 제자의 모형을 제시하기가 쉽다. 이들의 자기 만족적 이야기들과 하나님이 이들에게 주신 소명을 향한 이들의 자연적이고 내재된 성향은 나머지 우리로 하여금 자신의 문제가 무엇인지 고심하게 할 수 있다.

기본적으로 은사를 가진 사람들은 강단이 주어져도 그렇게 하지 않으리라는 말이 아니다. 우리는 모두 자기 자신의 존재와 행위에 완벽히 일치하는 방식으로 영성과 제자도를 정의하려는 유혹을 받는다. 하지만 눈에 띄는 은사를 가진 사람들은 또한 강단을 가진 사람들이다. 따라서 의제를 정하는 것도 이들이다.

복음전도자들

복음전도자들은 대부분의 사람이 자신과 같이 만들어지지 않았다는 사실을 생각하지 못한다. 이들은 낯선 사람과 이야기할 때 자신이 느끼는 편안함이 하나님이 주신 은사임을 잊어버린다. 우리 대부분은 처음 만나는 사람들과 이야기를 나누는 것이나 대화를 영적인 방향으로 과감히 트는 것에 대해 결코 편안함을 느끼지 못한다. 우리 중 많은 사람은 판매를 위한 설득법을 터득하고 계약을 성사시키는 법을 알지 못한다.

이것은 죄가 아니다. 영적 무관심도 아니다. 하나님이 우리를 만드신 방식이다. 그분은 우리 중 절반은 내성적이게 만드셨다. 일부러 그러셨다. 이것은 실수가 아니다.

우리는 복음전도자들이 이들의 일을 행하기를 원한다. 교회 개척자로서 자신의 믿음을 일터와 해외에서 담대하고 훌륭하게 전하고, 아니면 다른 방식으로 하든, 이들은 하나님 나라에서 매우 중요한 사람들이다. 복음전도자들은 지상대명령의 최전방에 서 있다. 이들이 없다면 지상대명령은 순조롭지 못할 것이다.

(복음전도의 은사가 있는 우리 친구들은 다르게 생각하겠지만) 하나님이 우리 모두에게 복음전도자의 소명과 은사를 주시지 않았다는 사실을 기억하는 것 역시 중요하다. 대신 그분이 우리에게 주신 소명은 우리의 직장과 지역공동체, 이웃에 그리스도의 사랑을 보이고 선한 삶을 살아 그들이 우리를 바라보도록 하고, 이들이 물을 때에는 우리의 이야기를 들려주고 그 다음 할 말이 별로 없을 때라도 기꺼이 "와서 보라" 하고 말문을 떼는 것이다.[1] 하지만 모두가 복음전도자와 같이 시작할 필요는 없다. 모든 정답을 알아야 할 필요도 없다. 우리는 하나님이 지으신 존재가 되고 부르신 일을 행하는 것에 대해 절대로 죄책감을 느껴선 안 된다. 당신이 복음전도자가 되기를 원하셨다면, 그분은 당신을 그렇게 지으셨을 것이다.

성경 교사들

성경 교사들 역시 구비된 강단이 있고 여기에서 죄책감을 추적하는 미사일이 발사된다. 당신이 어떤 수준으로든 성경을 가르친다면, 당신은 알고 있는 사실을 사람들이 모른다면 이들을 업신여기고 싶은 유혹을 받을 것이다. 상세한 신학 지식이 없는 사람을 하나님이 기뻐하실 수도 있다는 사실을 상상하기 어려워한다. 아마도 모든 사람이 모든 성경 속의 개요와 주제를 알아야 한다고 생각할 수도 있다. 스바냐서를 포함해서 66권 모두를 말이다.

나는 얼마 전 유명세를 떨친 어떤 성경학자의 인용문을 읽게 되었는데, 내용인즉 유능한 부모가 되기 위해서는 깊고 정확한 신학을 꼭 알아야 한다는 것이었다. 그는 튼튼한 신학이 없이는 좋은 아빠가 되기 어렵다고 믿었다.

하지만 튼튼한 신학에도 불구하고 정작 그는 좋은 남편이나 아버지가 아니었기 때문에, 나는 그의 주장이 이상해 보였다. 그가 그러한 사실을 수많은 공개 석상에서 인정했다는 점은 칭찬할 만하다. 그러나 여전히 자신의 은사와 소명을 다른 모든 사람에게로 투영하고 있다는 점은 나무랄 만한 일이다.

나는 엄격한 신학 훈련을 반대하지 않는다. 내게는 세 개의 학위가 있다. 신학대학원 과정을 가르치기도 한다. 잘못된 신학이 잘못된 삶을 낳을 수도 있다는 사실 역시 잘 안다. 그러나 그와 더불어 내가 아는 사실은 나의 많은 동료 목회자들과 신학 교수들, 그리고 그리스도인 친구들이 생각하는 것과는 달리 칼 바르트의 신학보다 바트 심슨(TV 만화 "심슨네 가족들"에 등장하는 호머의

아들—옮긴이)의 신학을 훨씬 더 많이 알고 있는 경우라 해도 활기찬 그리스도인의 삶을 살고 경건한 부모가 되는 일이 가능하다는 점이다.

만일 당신이 어려운 단어들을 잘 알지 못하고, 히브리 왕들의 이름을 잘못 발음하며, 성경 목록표가 없이는 관주 구절을 찾지 못한다는 이유로 스스로를 영적 패배자로 느끼고 있는 그리스도의 많은 제자들 중 한 사람이라면 소망을 품어라. 예수님은 가르침의 의미를 지혜롭고 슬기로운 자들에게는 숨기시고 대신 어린아이들에게는 나타내신 것을 인해 하늘 아버지께 감사하신 적이 있다. 이 어린아이들 중 누구도 제대로 된 신학 이론을 가지지는 못했을 것이다. 예수님은 또한 이들을 가리켜 천국이 이들의 것이라 말씀하셨다.[2]

선교사들과 위험을 무릅쓰는 사람들

그러나 선교사들과 위험을 무릅쓰는 사람들만큼 우러름을 받는 이들은 없다. 많은 기독교계에서 이들은 영적 헌신과 희생의 궁극적인 예로 손꼽힌다. 천국의 대의를 확장하기 위해 안락함을 포기하는 이들의 의지는 그렇지 않은 우리보다 훨씬 더 헌신되어 있다는 인상을 준다.

하지만 이들이 더욱 헌신된 것은 아니다. 이들은 다만 자신의 은사와 소명을 완수하는 중에 있을 뿐이다. 더욱 중요한 사실은 만일 당신이 선교지에 나가거나 하나님 나라를 위해 큰 위험을 무릅쓰도록 특별한 은사와 소명을 **받지 않았음에도** 불구하고 그렇게 한다면 하나님의 뜻을 벗어나게 된다는 것이다.

그렇다. 당신은 하나님의 뜻을 벗어나게 된다.

불행히도, 오늘날 이와 같은 메시지를 듣기란 어렵다. 대신 우리는 가라는 부르심을 받고 다시 돌아와 강연을 해달라는 요청을 받은 사람들로부터 은사 투영의 공격을 받는다. 이들은 자신들이 행한 것을 우리 역시 행하도록 애원하는데, 이것이 암시하는 바는 우리가 그렇게 하지 않는다면 하나님을 듣고 있지 않거나 하나님 나라를 구하기보다 우리 자신을 위하여 이 세상의 안락에 매달리고 있기 때문이라는 것이다.

우리 중 많은 사람들이 굉장한 죄책감에 시달리는 것은 이상한 일이 아니다.

믿음과 위험

선교사들과 위험을 무릅쓰는 사람들은 다음과 같이 말하기를 좋아한다. "현재 당신에게 하나님이 간섭하시지 않으시면 비참하게 실패할 만한 삶의 영역이 없다면, 당신은 믿음으로 살고 있는 것이 아닙니다." 선천적으로 위험을 무릅쓰는 사람들에게 이것은 너무나도 타당한 말이다. 여기는 모험가들이 사는 곳이다. 이 사람들은 일상과 예측 가능한 일을 지옥보다 나쁘게 생각한다. 이들은 단조로운 곳을 두려워한다. 지루하게 사느니 차라리 죽기를 택한다. 그리고 이 사람들은 절벽에서의 위태로운 삶을 믿음의 삶과 동일시한다.

만일 당신이 이러한 성향이라면, 이와 같은 허튼 소리를 내뱉지 않도록 주의하라. 성경 어디에도 우리가 모험과 위험을 추구하도록 부름 받았다 말하지 않기 때문이다. 우리는 순종하도록 부름 받았다. 이것에 위대한 모험과 위험이 수반될 수는 있다. 하지만 평범한 일상을 유지하고 예측 가능한 인생이 수반될 수도 있다. 이것은 하나님이 결정하실 일이지 우리가 결정할 일이 아니다.

히브리서 11장에 기록된 위대한 믿음의 이야기들을 잠시 생각해보라. 하나님이 자신을 구원해주실지 확인하고자 모험을 자처했던 사람에 대한 예는 하나도 없다. 우리가 아는 믿음의 영웅들은 이상한 위험을 무릅쓰지 않았다. 다만 하나님이 자신에게 분명히 행하라 이르신 것을 행했을 뿐이다. 그 이상도 그 이하도 아니다.

수년 동안, 내 사무실에는 하나님이 자신에게 정신 나간 무엇을 하기를 원하신다고 확신하는 많은 사람이 찾아왔다. 하지만 성경의 명령이나 하나님이 보여주신 구체적인 환상, 경건한 조언자의 충고를 받고 방문하는 경우는 한 번도 없었다. 이야기는 늘 똑같다. 자신이 무언가 위험하거나 어리석은 일을 하면 하나님이 보상해주시리라 생각하는 것이다. 이러한 이유로 이들은 행동을 취한다. 하지만 안타깝게도, 대부분의 경우 오랫동안 이들을 다시 만나기 어려워진다. 이들이 다시 나를 찾아올 때는 보통 재정이 바닥나거나 결혼생활의 실패와 각종 인생 문제들을 복구하기 위한 도움을 요청하기 위해서다.

당신이 모험과 위험을 추구하도록 지음 받았다면, 그것을 피하지는 마라. 하나님은 당신을 그렇게 짓지 않으셨다. 하지만 당신의 삶을 향한 하나님의 부르심의 렌즈로 다른 이들의 영성을 판단하지는 마라. 당신이 위험한 절벽에서 사는 것은 당신의 믿음이 크기 때문이 아니다. 하나님이 당신을 위험과 모험 가운데 살도록 지으셨기 때문이다.

당신이 위험을 두려워하는 사람이라면 초조해하지 마라. 방콕의 성매매를 중지하는 운동을 하고, 아마존 정글 속을 누비며 복음을 전하고, 아프리카에서 우물을 파면서 여름을 보내고 싶지 않다고 해서 죄책감을 느낄 이유는 없다. 하나님이 당신에게 하라고 부르신 일을 지속하라. 만일 하나님께서 당신이 위험을 무릅쓰기를 원하신다면, 하나님은 그것을 위한 의지와 능력을 주실 것이다.[3] 그분의 약속이 그렇다. 또한 하나님은 자신의 메시지를 전하시는 데 죄책감을 느끼게 하는 어떠한 기습 공격도 필요로 하지 않으신다.

"전임" 사역의 신화

근거 없는 죄책감과 은사 질투 상당 부분이, 기독교 어휘로 깊이 침투해 들어온 유감스러운 용어, **전임 사역**의 부작용에서 기인한다고 볼 수 있다. 어찌된 이유에서인지 이 용어는 사역으로 생계를 유지하는 사람은 전 시간을 들여 하나님을 섬기는 반면 나머지 사람들은 여분의 시간 동안만 그분을 섬긴다는 뉘앙스를 풍긴다.

이것은 완전히 허튼 소리다.

당신이 그리스도인이면, 당신은 전임 사역자다. 당신이 하는 모든 일을 통해 하나님을 드러내도록 특별한 사명을 받은 성도요 제사장이다.[4] 이른바 전임 사역으로 하나님을 섬기는 사람들과 세상의 직장에서 그분을 섬기는 사람들에게 차이가 있다면 급여를 주는 조직과 그들이 사역을 완수하는 환경뿐이다.

마트에서 물건을 진열하든, 수영장 청소를 하든, 아니면 좁은 사무실에서 숫자를 맞추는 일을 하든 당신은 전임 사역을 하고 있다. 당신의 임무는 당신이 아니면 그대로 남아 있을 사회의 한 부분으로 스며들어 가는 것이다. 당신이 하는 일은 여러모로 교회나 사역 단체로부터 급여를 받는 사람들이 하는 여느 일만큼, 천국에서 중요하다.

불행히도 이러한 메시지는 듣기 어렵다. 대부분의 그리스도인이 가지고 있는 직업 신학은 부적절하고 불완전하다. 우리는 어떤 일은 영적이고, 어떤 일은 세속적이라고 생각한다.[5]

예수님을 위해 신발을 파는 것이 왜 문제일까?

예를 들어, 몇 년 전 유명하고 재능이 뛰어난 한 목회자의 외도가 만천하에 발각되었다. 그리고 머지않아 또 다른 유명 교회에서 그를 가르치는 사역에 청빙했다. 그를 고용한 목회자에게 그렇게나 빨리 그를 고용한 이유를 묻자, 다음과 같이 대답했다. "신발을 파는 데 시간을 낭비하기에는 이 사람의 재능이 너무나도 뛰어나기 때문입니다."

농담이 아니다. 그는 정말로 그렇게 이야기했다. 그리고 그 교회의 온 회중에게도 그렇게 말했다.

신발을 파는 그 교회 교인의 심경이 어땠을지 상상해보라.

직장에서 탁월하게 하나님을 섬기지만 스스로를 영적 쓰레기라 느끼는 사람들이 우리 교회에 가득한 것은 당연한 일이다. 이들은 직장과 이웃에서 하나님을 섬기는 것이 천국에서는 이류 직업에 불과하다는 이야기를 너무도 많이 들어왔다.

과도한 칭찬과 특별한 대우의 저주

전임 사역의 개념은 다른 문제들도 함께 빚어낸다. 이것은 종종 영혼에 독이 되는 특전과 특권을 수반한다. 이전의 바리새인들과 같이 전임 사역을 하는 사람들은 시장에서 특별하게 문안받는 것과 연회의 높은 자리, 사람들의 칭찬을 사랑하게 될 수 있다.[6]

그 결과는 섬기는 리더십의 아름다움에 대해서는 잘 들먹이지만 그것에 가까운 무엇도 경험해본 적은 없는 리더다.[7] 또한 전문적으로 사역하는 많은 이들을 우연한 바리새인들로 만들어 역할에 따라오는 특전과 과도한 칭찬에 중독되도록 하며, 스스로 당연하다고 생각하는 화려한 칭호와 특별 할인, 명예를 고집하게 한다.

전임 사역자로서의 역할을 지닌 이들을 위해 내가 해줄 수 있는 충고는 다음과 같다. 사역의 특전이 은혜의 선물로 다가올 때에는 그것을 즐겨라. 하지만 그것이 기대가 되는 순간, 그것으로부터 도망쳐라. 그것은 당신의 영혼을 병들게 할 것이다.

특별 면제의 덫

전임 사역으로 섬기는 이들의 또 다른 위험은 이들의 "추가적 희생"이 다른 모든 사람에게 요구되는 책임으로부터 면제한다는 거짓된 가정이다.

예를 들어, 몇 주 전 내 친구 목사는 자기 교회 대다수 직원들이 이들의 사역에 단돈 백 원도 기여하지 않았음을 발견했다. 이들은 자신이 일반 기업에 취직했으면 더 많은 돈을 벌었을 거라 생각하는데, 이 생각은 교회나 사역 단체에서 일자리를 잃어본 사람들이 충격 속에서 발견하는 바와 같이 반론의 여지가 크다. 이러한 이유로 이들은 자신이 재정적 관대함의 요구로부터 면제되었다고 생각한다.

물론 비영리 단체나 비정부 조직, 군대 혹은 학교에서 가르치는 일을 하는 사람들도 똑같이 말할 수 있다. 또 최저 임금을 받고 일하는 사람들은 어떤가? 이들 모두가 관대하며 하늘에 보화를 쌓으라는 요구에서 면제되었는가?

예수님은 그렇게 생각하지 않으신 듯하다. 그분은 자신이 가지고 있는 전부를 헌금함에 넣은 가난한 과부의 관대함을 칭찬하셨다. 만약 가난이 면제 대상이었다면, 예수님은 그녀에게 감사를 표하고 그녀의 헌금을 돌려주셨어야 했다.[8]

아니면 레위 제사장들을 생각해보라. 이들은 재산을 소유할 수 없었고 백성의 십일조에 의지해 살아야 했음에도 불구하고 구약의 율법은 이들을 관대함이라는 고리에서 놓아주지 않았다. 레위 제사장들 역시 받은 십일조의 십일조를 드리도록 했다.[9]

하지만 이러한 일은 우리가 전임 사역을 하는 사람들의 희생을 높일 때 발생한다. 이들로 하여금 자신을 특별한 존재, 즉 몇몇 특별한 포기와 면제를 받아 마땅한 보다 우월하고, 더욱 헌신된 종류의 그리스도인으로 생각하게 한다.

명예와 칭찬에 대한 놀라운 사실

은사 투영과 은사 질투에 대한 가장 큰 역설은 아마도 하나님이 그리스도의 몸을 배열하시기를 실제로는 가장 중요하지 않거나 필요하지 않은 이들로 더욱 큰 명예와 위신을 얻게 하셨다는 점이다.

고린도에 보내는 첫 번째 편지에서 사도 바울은 그리스도의 몸이 사람의 몸과 매우 비슷하다고 말했다. 우리가 주목하고, 높이고, 칭송하는 부분들은 가장 덜 중요한 부분들이다.[10] 예를 들어 훌륭한 간이나 신장과 췌장을 가졌다는 이유로는 결코 화려한 잡지의 표지 모델이 될 수 없다. 빛나는 머리카락이나 아름다운 눈, 매끈한 피부, 나이보다 젊은 몸, 죽이는 복근이 있다면 모를까.

하지만 이들 중 무엇도 생명 자체에는 그다지 중요한 요소가 되지 않는다. 손질하기 힘든 봉두난발과 못생긴 얼굴, 조롱박 같은 몸을 하고도 당신은 길고 생산적인 삶을 살 수 있다. 하지만 병든 심장이나 제기능을 못하는 간, 혹은 약해져 가는 췌장으로는 오래 살지 못할 것이다.

그리스도의 몸 또한 가장 큰 영광을 얻는 은사와 사람들이 곧

잘 질투를 하는 역할이 없이도 오래 지속될 수 있다. 박해를 받는 교회만 봐도 그렇다. 연단 위에서 발휘되는 은사들이 어쩔 수 없이 지하로 숨어들어 가야 할 때에도 교회는 잘만 운영된다. 심지어 더 잘 운영된다고 말하는 이들도 있다.

21장

재정 경찰
도대체 서신서에는 어떠한 일이 일어난 걸까?

그들만의 장이 필요한 마지막 무리의 은사 투영자들이 있다. 이들은 예수님과 긍휼, 그리고 공의에 깊이 헌신되어 있다. 놀라울 정도로 희생적이고 관대하다. 하지만 동시에 근시안적이다. 영화 〈미스터 마구〉Mr. Magoo, 1997 에 등장하는 지독한 근시의 백만장자와도 같다. 이들은 온 세상을 자신의 열정과 소명의 렌즈를 통해서만 바라본다. 같은 렌즈와 같은 소명을 공유하지 않은 사람들에 대해서는 인내도, 존중도 없다.

이들은 **재정 경찰**이다.

이들에게는 자신이 가진 십 원짜리 동전 하나는 물론이고 당신과 내가 가진 십 원까지도 그것을 위한 하나님의 계획을 아는 묘한 능력이 있다. 이들은 최고의 은사 투영자들이다. 만일 당신이 이러한 수준의 관대함에 부합하지 못한다면 이들은 단순한 수준의 비판으로 끝나지 않을 것이다. 당신의 구원을 의심할 것이다.

이들은 어디에서 왔을까?

내가 아는 재정 경찰 대부분은 최선의 의도로 시작한다. 이들은 천국을 전파하고, 참된 제자도를 장려하며, 가난한 사람들을 돕고, 하나님이 맡겨주신 임무를 완수하고 싶어한다.

재정 경찰들 중 다수가 이것에 접근하는 방식은 스스로의 관대함이다. 이들에게는 보통 로마서 12:8이 구제하는 은사라고 칭하는 것이 있다. 이들은 어떤 필요를 보고 그 필요를 채우라는 성령의 자극을 받고, 또 그렇게 할 때 큰 기쁨과 성취를 맛본다. 하지만 성령의 은사를 사용하는 것에 대해 모든 사람이 그렇듯 이들은 자신이 특별한 일을 행하고 있다고 생각하지 못한다. 우리 모두가 해야만 하는 일을 하고 있다고 생각한다. 또한 스스럼없이 그런 생각을 드러낸다.[1]

이상주의를 향한 강한 성향으로 접근하는 사람들도 있다. 이들은 흔히 어떠한 책을 읽었거나, 단기 선교에 다녀왔거나, 세계의 필요에 눈을 열어준 컨퍼런스에 참여한 경험이 있는 학생이나 미혼의 청년들이다. 내가 발견한 모순은 이들 중 다수가 개인적으로는 전혀 관대했던 적이 없음에도 불구하고 다른 사람들의 재정적 우선순위와 동기를 성급히 판단한다는 점이다. 이상한 일이다. 이들이 실제 자기 자신의 수입을 갖게 되고, 부양해야 할 배우자와 아이들이 생기고, 노후를 준비해야 할 시기가 다가오면 어떻게 행동할지가 무척 궁금해진다. 나는 이들이 현재 다른 사람들에게 기대하는 대로 철저한 관대함을 실천하기를 바라는데, 예수님의 말씀에 따르면 우리는 우리가 비판하는 그 비판으로 비판을 받을 것이기 때문이다.[2]

좋아하는 몇몇 구절과 예수님의 이야기로 무장한 이들은 논쟁하기 힘든 상대다. 당신이 이들의 성경 사용의 모순을 지적하고, 이들이 좋아하는 본문의 문맥에 대해 질문을 던진다거나, 혹은 이들의 결론에 이의를 제기한다면, 이들은 당신을 예수님의 금언을 합리화시키는 물질주의적인 가짜 그리스도인이라 판단할 것이다.

이것은 마치 음모론을 믿는 사람과의 논쟁을 방불케 한다. 이 논쟁을 이길 수 있는 방법은 없다. 만일 당신이 이들의 이론을 뒷받침해줄 믿을 만한 증거가 없다는 사실을 보여준다면, 이들은 당신을 순진하다 단정 짓고는 증거 부족 자체가 사실은 음모의 증거라고 주장할 것이다. 그것이 얼마나 잘 은폐되었는지를 증명한다고 말이다.

잘라붙이기 신학

오늘날 재정 경찰이 성경을 사용하는 방식의 첫 번째 문제는 잘라붙이려는 경향이다. 이들은 예수님과 소선지자들의 말씀을 좋아한다. 신약 서신서들에는 관심이 없는 듯 보인다. 이들은 잘 모르겠지만 성경에 대한 이들의 접근은 고대 바리새인들과 종교 엘리트들의 방식과 매우 흡사하다. 이들 역시 잘라붙이기 신학의 명인들이었다.

바리새인들과 율법

예수님 시대 바리새인들과 종교 학자들은 자신이 성경에 깊이 헌신되어 있다고 생각했다. 실제로 이들은 자신의 시간 대부분을 구약의 처음 다섯 권을 탐독하는 데 사용했다. 선지자들은 대부분 거의 무시했는데, 이들을 죽이고자 할 때만은 예외였다.

예로 동방의 박사들이 예루살렘에 이르러 유대인의 왕으로 나신 이가 어디 계시냐 물었을 때, 이들은 그가 베들레헴에서 나시리라던 미가의 예언을 들먹일 정도의 지식을 가지고 있었다.[3] 하지만 하나님이 곧 이루실 일을 보고자 그 이상을 알려고 하지는 않았다. 어떻게 문자적인 율법을 성경의 처음 다섯 권이 이야기하고 있는 모든 명령에 적용해야 할지를 논쟁하느라 몹시 바빴다.

안식일의 치유를 두고 이들이 예수님과 벌였던 전쟁은 골라 선택하기식 신학의 또 다른 예다. 이들은 안식일의 규칙에 대해 시간을 두고 곰곰이 생각하기는 했으나, 인애를 원하고 제사를 원하지 아니하시는 하나님에 대해 선지자들이 말했던 바와는 전혀 연결시키지 못했다.[4]

나는 오늘날 재정 경찰들이 같은 일을 하고 있다고 생각한다. 이들은 예수님의 모든 말씀에 집착한다. 하지만 사도들이 예수님의 말씀을 어떻게 해석하고 초대 교회의 삶으로 적용했는지를 확인하고자 신약의 서신서들을 펴보는 일은 거의 없다.

도대체 서신서에는 어떤 일이 일어난 걸까?

모든 성경은 하나님의 말씀이다. 어떤 한 부분이 홀로 설 수는 없다. 하나의 본문이나 가르침을 별개로 떼어내는 것은 다음 페이지에 등장하는 수식어들을 무시하면서 계약서 중 한 줄을 따로 떼어내는 것과 같다. 이것은 당신을 곤란에 빠트릴 것이다. 계약 문서 전체가 계약서를 온전히 완성한다. 마찬가지로 성경의 모든 페이지가 하나님의 말씀을 구성한다.[5]

하지만, 오늘날 우리는 붉은색으로 표시된 예수님의 말씀을 검은색으로 표시된 사도들의 말씀보다 더욱 중요한 것처럼 대한다. 복음서가 낭독될 때는 자리에서 일어섰다가 서신서가 낭독될 때는 다시 앉는 로마 가톨릭 교도들처럼 우리는 예수님의 말씀이 사도들의 말씀보다 훨씬 더 우월한 것처럼 대우한다.

부자 청년, 삭개오, 그리고 에베소의 부유한 자들

단지 몇몇 별개의 본문을 사용해 부와 빈곤한 이들을 돌보는 것의 신학을 정립하는 것의 어리석음은 다음의 세 본문에 나타난 중요 차이점들만 비교해보아도 알 수 있다. 부자 청년에 대한 예수님의 명령과 삭개오라 이름 하는 자에 대한 반응, 그리고 에베소의 부유한 자들을 향한 사도 바울의 명령이다. 각각을 살펴보도록 하자.

부자 청년

부자 청년의 이야기는 우리에게도 잘 알려져 있다. 오늘날 재정 경찰들이 좋아하는 이야기들 중 하나다. 이 이야기는 예수님을 따르는 데 대한 높은 대가를 시사한다. 네게 있는 것을 다 팔아 가난한 자들에게 나눠주라는 말씀을 들었을 때, 이 부자 청년은 그렇게 할 수 없었다. 그는 자신의 돈을 너무나도 사랑했다. 이것이 그를 제자가 되지 못하도록 했다.[6]

이 본문은 대개 우리를 도전하는 데 사용된다. 우리는 기꺼이 모든 것을 예수님께 바치려 하는가? 무엇을 숨기고 있지는 않은가? 가난한 자들의 필요를 채우기 위해 아메리칸 드림의 안락함을 포기하려 하는가, 아니면 이 부자 청년처럼 우리도 예수님께 '아니오'라고 대답하고 있는가?

세상의 가난하고 빈곤한 자들을 돕기 위해 우리가 가진 것을 더 바치려는지에 대한 우리의 의지를 시험하고자 이 이야기를 즐겨 사용하는 사람들이 놓쳐온 사실이 몇 가지 있다. 가장 먼저 문제는 이 사람의 부가 아니었다. 그의 오만이었다. 그는 자신의 행위에 대한 자기 의와 확신을 가지고 있었다. 그는 어려서부터 자신이 **모든** 계명을 다 지켜왔다고 주장했다. 예수님이 다른 누구에게도 명하신 적 없는 바를 그에게 명하신 것은 이 때문이었다. 이것은 그의 거만이라는 심장을 꿰뚫었다. 예수님은 그에게 가난에 대한 즉각적인 맹세를 요청하셨다. 이것을 우리가 **기꺼이** 모든 것을 예수님께 바치려는가에 대한 본문으로 둔갑시키는 것은 지나친 확대 해석이다. 예수님은 그의 의지를 묻지 않으셨다. 모든 것을 팔아 가난한 자들에게 나누어주라고 말씀하셨다. 바로 당장 말이다. 만일 우리가 모든 사람에게 이 본문을 적용하기 원한다면, 우리도 일관되게 행해야 한다. 우리가 가진 모든 것을 팔아 그 돈의 전부를 가난한 사람들에게 주고, 그곳이 어디든 예수님이 인도하시는 곳을 좇아야 한다고 주장해야 한다.

삭개오라는 이름의 세리

돈의 신학과 하나님이 우리에게 원하시는 돈의 사용 방법에 포함될 필요가 있는 두 번째 이야기는 삭개오의 이야기다. 그는 부정직하고 부유한 세리였다. 단순한 세리가 아니라 **세리장**이었다. 이것은 어떠한 죄의 목록이든 상위에 해당한다. 누가는 삭개오의 이야기를 부자 청년에 대한 장 바로 다음에 배치했다. 이것은 우연이 아니다. 두 이야기의 대조는 중요하다.

예수님이 삭개오의 집에 유하겠다 하셨을 때 사람들은 충격을 받았다. 그분이 도착하셨을 때 삭개오는 자리에서 일어나 **부정하게 얻은 소유의 절반을** 가난한 자들에게 주고, 만일 누구의 것을 속여 빼앗은 일이 있으면 네 갑절이나 갚겠다는 약속을 했다. 그리고 예수님은 그것을 좋게 여기셨다.

예수님은 다음과 같이 말씀하지 않으셨다. "나머지 절반은 어떻게 할 것이냐?" 이렇게 말씀하지도 않으셨다. "아니다, 이것은 양자택일의 문제다." 대신 다음과 같이 말씀하셨다. "오늘 구원

이 이 집에 이르렀도다."⁷

에베소의 부유한 자들

세 번째 본문은 바울이 디모데에게 보낸 편지 중에서 찾아볼 수 있다. 그는 첫 번째 편지의 말미에서 에베소에 살고 있던 부유한 그리스도인들에게 말하고 있다. 흥미롭게도 예수님이 부자 청년에게 지시하신 것과는 전혀 다르다.

바울은 디모데로 하여금 부유한 자들에게 다음 세 가지의 지시를 내리도록 한다. (1) 마음을 높이지 말며, (2) 정함이 없는 재물에 소망을 두지 말고, (3) 하늘의 보화를 쌓도록 선을 행하고 선한 사업을 많이 하고 나누어주기를 좋아하며, 너그러운 자가 되게 하라.⁸

전부를(혹은 그것의 대부분이라도) 가난한 이들에게 나누어주라는 이야기는 전혀 없다. 씀씀이를 줄이고 더욱 소박하게 살라는 말도 없다. 가장 놀라운 점은 바울이 디모데에게 다음의 사실을 부유한 자들에게 이르도록 한 것인데, 바로 하나님이 이들에게 부를 주심이 이들이 그것을 즐거워하고 나누게 하기 위함이라는 사실이다.⁹

하나님이 우리에게 원하시는 우리 돈과 재산의 사용처에 대한 그분의 관점을 올바르게 이해하기 위해서는 이 주제를 다루고 있는 다른 모든 본문과 더불어 이 세 본문이 함께 포함되어야만 한다. 하나님이 말씀하신 것의 일부만을 전달하면서 스스로를 그분의 대변인이라 주장할 수는 없다. 그렇다면 바리새인의 경우와 마찬가지로, 우리가 하나님으로부터 왔다고 증거하는 메시지는 하나님의 실제 말씀보다 우리의 바람에 더욱 가까울 것이다.

가난의 복음

오늘날에는 가난의 복음이라는 렌즈를 통해 성경을 읽으려는 경향이 강하다. 이것은 하나님이 모든 사람의 건강과 부를 원하신다고 주장해온 번영 복음의 터무니없음과 과도함으로부터 벗어나려는 운동이다. 가난의 복음은 정반대를 선포한다. 경건이 소박함과 고난, 가난에서 발견된다고 주장한다. 부에 반하는 내재된 편견이 있다.

다음을 시도해보라. 젊은 그리스도인들에게 성경이 돈을 일만 악의 뿌리로 말하고 있는지를 물어보라. 거의 대부분의 청년이 손을 들 것이다. 하지만 이것은 성경이 말하는 바가 아니다. 성경은 "돈을 **사랑함이** 일만 악의 뿌리가 되나니 이것을 탐내는 자들은 미혹을 받아 믿음에서 떠나 많은 근심으로써 자기를 찔렀도다"라고 말한다.[10] 문제는 돈이 아니다. 돈을 사랑함과 돈을 탐내는 마음이 영적인 타협으로 이어진다.

가난의 복음은 아메리칸 드림도 공격한다. 여기에는 우리가 즐거워하도록 좋은 것으로 우리에게 복 주시는 하나님은 없다. 대신 하나님은 우리가 가능한 한 많은 것을 나눌 수 있도록, 가능한 한 소박하게 살기를 원하신다. 대놓고 그렇게 말하지는 않겠지만 이들의 설교를 듣거나 책을 읽기만 해도 분명히 알 수 있는 사실은, 오늘날 재정 경찰은 참된 그리스도인이라면 큰 집을 사고, 비싼 차를 몰거나, 화려한 휴가를 떠나고, 멋진 식장에서 돈을 펑펑 쓰며, 유명 디자이너의 옷을 입거나, 다채로운 설비를 갖춘 건물을 가진 교회를 출석하지 않는다고 확신한다는 것이다.

나는 종종 이들이 아브라함이 누린 거대한 부에 대하여 아브라함이나 하나님께 무어라 이야기를 할지가 궁금해진다. 분명 그가 도울 수 있었던 가난한 사람들은 많이 있었다. 욥도 마찬가지다. 욥에게 하나님이 그로부터 모든 것을 거두어가신 이유가 그의 이기적인 부요함 때문이라고 설명했던 욥의 친구들 중에도 이 같은 이들이 있지 않았을까 싶다.

아니면 야베스라고 이름 하던 사람의 기도는 어떠한가. 그는 주께서 자신에게 복을 주시려거든 자신의 지경을 넓히시고, 즉 자신을 더 부유하게 하시고 자신으로 환난을 벗어나 근심이 없게 해달라고 구했다. 내 재정 경찰 친구들은 이어지는 구절에서 하나님이 이 이기적인 멍청이를 쳐죽이셨으리라 기대할 것이다. 하지만 그와 같은 일은 일어나지 않았다. 하나님은 그가 구하는 것을 허락하셨다.[11]

부유함의 선은 어디에 있는가?

오늘날 재정 경찰의 은사 투영에서 내가 발견한 또 다른 사실이 있다. 이들에게는 부유함의 선線을 찾는 신비한 눈이 있다. 이들은 자신의 삶에서 이 선이 어디에 있는지, 그리고 나의 삶에서 이 선이 어디에 있는지를 언제나 알고 있다. 적절한 소박함과 관대함의 선이 언제나 이들이 자신의 삶에 그어놓은 선과 어느 정도 가깝다는 사실은 전혀 놀랍지가 않다.

필요 이상으로 소유하는 것은 부유한 것일까?

많은 사람에 따르면 필요에 처한 세상에 살면서 필요 이상으로 소유하는 것은 죄악 된 비축이다. 하나님이 그러한 초과를 용납하실 리 없다.

하지만 성경은 그렇게 말하지 않는다. 하나님은 우리에게 관대하라 말씀하신다. 가난하고 궁핍한 자들을 도우라고 말씀하신다. 하지만 동시에 지혜 있는 자의 집에는 귀한 보배와 기름이 있다고도 이야기하신다. 이것은 풍성할 뿐 아니라 이들의 필요와 무명 브랜드의 질을 훨씬 넘어서는 좋은 것처럼 들린다. 그분은 이어 미련한 자는 벼랑 끝에서 살며 귀한 보배와 기름을 다 삼켜버린다고 말씀하신다.[12]

이 년 전 즈음 궁핍한 삶을 지지하는 어떤 사람이 자신의 삶 속에 나타난 하나님의 공급하심과 복 주심을 간증하는 것을 듣게 되었다. 그는 더 많은 돈을 나누기 위해 자신의 의료 보험을 줄였다고 했다. 그리고 이것을 우리 모두가 생각해야 할 믿음과 희생의 단계로 보았다. 이어 그는 자신의 아내가 병을 얻어 거의 죽게 된 것과 어마어마한 병원비를 떠안게 된 경위를 설명했다. 친구들이 십시일반 힘을 합쳐 도와주었기 때문에 병원비는 그럭저럭 해결이 되었다. 그는 이것을 우리가 하나님을 신뢰해 매일을 살아가고 나머지 모두를 가난한 사람들을 돌보는 데 사용한다면 그분이 우리를 돌보시리라는 증거로 사용했다.

이 사람은 자신의 병원비가 지불된 이유가 자신의 친구들이 저축을 할 만큼 지혜롭게 살아왔고, 그것으로 자신을 도왔기 때문이라는 사실을 전혀 깨닫지 못한 것이 분명했다. 이들은 성경이 말하는 지혜로운 자의 삶을 살아왔다. 그는 어리석은 자의 역할을 담당했고, 그것을 믿음이라 불렀다.

좋은 집을 갖는 것은 부유한 것일까?

재정 경찰은 또한 어리석은 부자와 그의 큰 곳간을 즐겨 화제로 꺼낸다. 그는 자신의 생명으로 큰 곳간의 값을 지불하지 않았는가? 그렇지 않다. 하나님이 그의 생명을 도로 찾으신 이유는 그에게 큰 곳간이 있었기 때문이 아니다. 그가 하나님께 인색했기 때문이었다. 그는 인생이 자신의 소유로 이루어진다고 생각했다. 그는 오만했고, 자신의 부를 신뢰했으며, 하늘에 보화를 쌓는 일에 실패했다. 따라서 하나님이 "너의 생명이 다했다"라고 말씀하신 것이다. 이것은 곳간의 크기와는 전혀 무관하다. 마음의 크기와 모든 관련이 있다.[13]

게다가 초대 교회는 대단히 빈곤했지만, 신약의 서신서에는 부유한 자들이 가난한 사람들에게 더 많이 나누어줄 수 있도록 삶의 규모를 줄이도록 격려하는 언급이 전혀 없다. 어쩌면 초대 교회가 보통 부유한 자들의 집에서 모였고, 종들을 둘 만큼 커다란 사유지를 가진 이들이 더 많은 사람들을 수용할 수 있었기 때문인지도 모른다. 이들은 소박하게 살라는 명령을 받지 않았다. 대신 이들에게도 상전이 있고 언젠가는 그가 이들이 자신의 종들을 대한 것에 대하여 책임을 물으시리라는 것을 깨닫고 자신의 종들을 올바로 대하라는 명령을 받았다.[14]

하나님께 돈을 낭비하는 것이 부유한 것일까?

재정 경찰이 한 번도 언급하지 않는 것처럼 보이는 이야기가 마지막으로 하나 더 있다. 값비싼 향유 한 옥합을 깨뜨려 예수님의 머리에 부어 그것을 사치스럽게 낭비한 베다니의 여인에 얽힌 이야기다.[15]

확신하건대 오늘날 재정 경찰이 그 자리에 있었다면 이들은 분개했을 것이다. 이 향유를 팔았다면 일 년치 급여를 거두었을 것이다. 가난한 사람들을 돕는 데 많은 도움이 되었을 수도 있다. 사람들이 이와 같은 그녀의 낭비를 혹독히 책망할 때 "그녀를 가만 두라. 가난한 자들은 항상 너희와 함께 있으니 아무 때라도 원하는 대로 도울 수 있거니와"라고 말한 이가 있었다. 이토록 냉담한 반응이라니. 이것을 한 번 시도해보라. 재정 경찰은 분통을 터뜨릴 것이다.

물론 "**그녀를** 가만 두라", 그리고 "가난한 자들은 항상 너희와 함께 있으니"라고 말한 이는 예수님이셨다. 그분은 이어 그녀가 행한 것을 칭찬하셨다.

그녀를 신랄하게 책망했던 이들은 누구였을까? 이들은 바리새인들과 종교 지도자들, 그리고 유다라는 이름의 사람이었는데 그는 너무나도 분개하여 예수님을 넘겨주려 대제사장에게로 즉시 향했다.

이것이 재정 경찰이 되면 생기는 문제다. 우리가 자신만의 은사와 소명을 다른 이들에게로 투영할 때 우리는 결국 율법의 잘못된 편에 처하게 된다.

7부를 위한 토의 질문

은사의 투영

1. 당신이 다른 사람들에게 가장 많이 투영하려 하는 당신 삶 속의 은사와 소명은 무엇인가?

2. 당신의 경험상, 교회에서 가장 흔하게 투영되는 은사와 소명은 무엇인가? 이들을 찾아내기 위해 교회에서 보통 무엇이 홍보되고, 강조되거나, 가치가 부여되는지를 생각해보라. 어떤 은사와 사역, 소명이 무시되는 경향이 있는가?

3. 당신은 "은사 질투"를 경험한 적, 즉 다른 사람들이 가진 은사들을 나도 가졌으면 하고 바라고, 하나님이 자신에게 주신 은사에는 가치를 부여하지 못하는 죄를 지은 적이 있는가? 그렇다면 그것이 가장 잘 드러나는 곳은 어디인가? 이러한 열등감이나 질투의 감정의 뿌리가 무엇이라고 생각하는가?

4. "전임 사역"의 신화를 생각해보라.
   a. 당신은 전문적인 사역을 하는 사람들에게 더욱 큰 위엄과 중요성을 부여하는 경향이 있는가? 그렇다면 그 이유가 무엇이라 생각하는가?
   b. 전임 사역의 신화를 약화시키고 더욱 건강한 그리스도인의 직업관을 양성하기 위해 교회가 할 수 있는 일은 무엇인가? 최대한 많이 구체적

으로 나열해보라.

5. 당신은 "재정 경찰"에 가까운가 아니면 이들에게 비판받는 편에 가까운가?

   a. 7부를 읽고 당신이 이제껏 무시하고, 등한시해왔거나, 얼버무려왔다고 깨닫게 된 성경 본문이 있는가?

   b. 7부의 어떤 본문과 통찰이 당신에게 가장 큰 도전이나 골칫거리, 혹은 단순히 동의하기 어려웠던 점으로 다가왔는가? 이유는 무엇인가?

마지막 당부

　●

　이천 년 전 하나님을 가장 열심히 좇았던 이들의 일부는 전혀 상상도 하지 못했던 곳에서 스스로를 발견했다. 성경을 엄격히 연구했고, 그 안에서 찾을 수 있는 모든 내용에 철저히 순종했지만 이들은 하나님의 원수가 되었다. 더욱 심각한 것은 이들이 일어난 일을 의식하지 못했다는 점이다. 이들은 자신이 그분의 가장 친한 친구라 생각했다.

　바리새인들이 최선을 의도했다는 점에는 의심의 여지가 없다. 이들은 하나님을 기쁘시게 하고 다른 사람들에게는 그분을 기쁘시게 하는 방법을 보이기를 원했다. 확신하건대 바리새인들은 미로와 같은 자신의 추가적 규칙들과 영적 훈련들이 하나님을 좇는 이들에게 유익한 본보기를 제공한다고 생각했다. 또한 자신의 모든 규칙과 기준들이 틀림없이 성경적이라고 생각했다. 실제로 이것들 중 무엇도 성경에는 기록되어 있지 않았지만, 이것들 모두는 성경에 기초해 있었다.

바리새인들은 누가 자신에게 속해 있고 그렇지 못한지를 결정짓는 일의 책임을 열의를 가지고 떠맡았다. 이들은 자신이 사람들을 걸러내고 하찮은 이들을 들이지 않는 것으로 하나님을 돕고 있다 생각했다. 불행하게도 자신이 쫓아내는 사람들이 다름 아닌 하나님이 잔치에 초청하신 이들이라는 사실을 전혀 깨닫지 못했다.

애석하게도 똑같은 일이 오늘날에도 일어난다. 스스로 하나님의 뜻이라 생각하는 바에 지나치게 몰두한 나머지 하나님의 마음을 놓치게 될 때, 당신과 나와 같은 선의의 그리스도인들도 스스로는 섬긴다고 주장하는 주님의 일을 무심코 방해할 수 있다.

우리 모두는 각각 다른 방법으로 그렇게 될 수 있다. 내 열성의 어두운 측면은 당신의 것과 다르게 보일 수 있다. 하지만 결국 우연한 바리새인이 되는 길은 언제나 똑같은 세 가지의 단계로 시작한다.

1. 나 자신의 죄의 참된 심각성과 깊이를 제대로 이해하지 못하는 것에서 시작한다.
2. 다른 사람들의 죄에 대한 혐오감의 고조로 이어진다.
3. 지키기 어려운 예수님의 몇몇 금언만을 강조하고 그분의 연민과 긍휼, 그리고 은혜를 이야기하는 말씀은 거의 무시해버

리는 잘라붙이기 신학으로 합리화된다.

오늘날 많은 사람이 부자 청년에게 이르신 네 소유를 팔아 가난한 자들에게 주고 나를 따르고 영생을 얻으라는 그분의 지시나, 자기를 부인하고 제 십자가를 지며, 자기를 버리는 것은 물론 그분을 향한 사랑을 가족과 친구, 안전보다 우위에 두라는 부르심, 혹은 청함을 받은 자는 많되 택함을 입은 자는 적다는 경고에 심취해 있다.

이 모든 예수님의 가르침은 중요하다. 절대 간과되거나 무시되어서는 안 된다. 하지만 이것을 올바르게 이해하고 적용하기 위해 우리는 이것을 전체적인 성경과 예수님의 모든 말씀과 행하심을 감안해 해석해야 한다. 이것이 오늘날 우리에게 의미하는 바에 대한 해석은 예수님이 자신의 주변에 있던 사람들에게 실제 적용하셨던 방법과 일치해야 한다. 예수님이 자신에게로 불러 용납하시고 천국의 일을 맡기셨던 종류, 즉 연약하고 분투하고 두려움 많고 아직은 준비되지 않은 제자들을 위한 여지가 있어야 한다.

마음이 연약해졌을 때 넘어져 예수님을 격렬히 부인했던 베드로와 같은 제자들을 위한 여지가 있어야 한다. 예상보다 상황이 더 어려워지자 겁을 먹고 집으로 돌아간 마가 요한과 같은 제자들을 위한 여지도 필요하다. 예수님의 제자라는 사실이 공개되었을 때 치러야 할 대가가 두려워 숨은 제자로 몸을 낮추었던 아리마대 요셉과 같은 제자들도 마찬가지다.

이들의 행동은 칭찬할 만한 행동이 아니다. 변명도 안 된다. 이들 모두는 우리를 예수님을 따르는 행렬의 후방으로 배치할 것이다. 하지만 좋은 소식이 있다. 이들 중 무엇도 우리를 행렬에 남는 것으로부터 자동 실격시키지는 않는다는 점이다.

오늘날 우연한 바리새인들은 이러한 제자들을 우리 교회들에서 골라 모아들여야 할 혐오스럽고 나약한 가짜 그리스도인으로 단정 짓고는 이들과 상관하기를 꺼리지만 예수님은 이들을 좇으셨다. 이들은 그분이 꺾지 않으신 상한 갈대였고, 끄지 않으신 꺼져가는 등불이었다. 그분은 자신을 부인한 베드로에게 자신의 교회를 이끄는 일을 맡기셨다. 겁쟁이 마가 요한은 복음서의 한 권을 쓰는 일에 사용하셨고, 부유하고 겁이 많은 숨은 제자 요셉은 자신의 몸을 묻도록 선택하셨다.

독자들에게는 어떨지 잘 모르겠지만 나에게 이것은 믿기 어려울 정도의 좋은 소식이다. 정말로 하나님이 굽은 지팡이를 사용하셔서 올곧은 선을 그으신다는 소망을 준다. 은혜와 긍휼이 우리가 거들먹거리며 설명해야 할 단순한 교리가 아니라는 소망을 준다.

물론 우리가 지옥의 사람처럼 살고도 스스로를 제자로 부를 수 있다는 이야기는 아니다. 성경은 분명하다. 우리가 하나님을 진정으로 알고 사랑하면 우리는 그의 계명을 지킬 것이다.[1] 하지만 내가 말하고 있는 바는 이전의 바리새인들이 아닌 예수님과 발맞추기 위해서는 참된 그리스도의 제자가 된다는 의미에 대한 우리의 정의가 연약하고, 고투하고, 겁 많고, 실패하는 이들을 위한 여지를 포함해야만 한다는 것이다.

예수님을 따른다는 것은 누가 가장 철저하거나, 희생적이거나, 지식이 많거나 혹은 가장 빨리 소진되는지를 알아내기 위한 경주가 아니다. 누가 가장 어려운 길을 기꺼이 선택하려는지를 알아내기 위한 대회도 아니다. 그것은 금욕주의지 제자도가 아니다.

복음이 복음으로 남기 위해서는 은혜와 긍휼이 가장 중요한 위치에 남아 있어야 한다. 내 헌신의 철저함이나 내 열성의 강렬함 혹은 내 희생의 정도가 하나님의 용납과 인정을 받고 유지하는 수단이 될 때 복음의 좋은 소식은 더 이상 탁월한 일부를 제외한 누구에게도 좋은 소식이 될 수 없다.

오해하지 마라. 열성적 믿음의 위험에 대한 나의 경고는 편안하고 쉬운 기독교에 대한 옹호가 아니다. 다만 수고하고 무거운 짐 진 자들에게 쉼과 도움, 소망, 구원을 제공하는 복음의 중심에 충실하자는 간청이다.

우리 중 누구도 진정으로 의로운 삶을 살지는 못한다. 심지어 우리 중 최고의 사람들도—즉 예수님을 따르는 행렬의 선두에 선 사람들도—하나님 앞에 서기 위해 필요한 의로움에는 미치지 못한다. 이것 때문에 은혜가 그토록 놀라운 것이다. 이것 때문에 오늘날 우연한 바리새인들의 오만이 그토록 애석한 것이다.

사람의 기분을 돋우고 미지근하며 우리에게 어떠한 변화나 행동도 요구하는 법이 없는 소비자주의 기독교에는 칭찬할 만한 것이 없다. 이것은 예수님을 숨막히게 한다. 하지만 우리가 잊지 말아야 할 것은 자신의 철저한 순종과 희생을 강조하기 위해 다른 사람들을 업신여기거나 예수님의 은혜와 긍휼을 왜곡하는 영적인 열성에도 칭찬할 만한 것이 전혀 없다는 사실이다. 이것 역시 예수님을 숨막히게 한다.

우리의 소망은 우리가 하나님을 위하여 행하는 일에 있지 않다. 우리의 소망은 하나님이 우리를 위하여 행하신 일에 있다. 그것이 복음이다. 간결히 말하자면 제자도다. 또한 당신과 나와 같은 사람들이 우연한 바리새인들이 되지 않도록 막아주는 것이다.

감사의 글

이 책이 출판될 수 있게 도와준 사람들에게 특별한 감사를 전하고 싶습니다.

노스 코스트 교회의 크리스 브라운, 찰리 브래드쇼, 폴 사보나 외 직원들과 장로회, 회중에게 감사를 드립니다. 여러분의 인내와 사랑, 예수 그리스도의 복음에 대한 헌신에 저는 깊은 감사를 빚진 사람입니다. 제가 노스 코스트뿐 아니라 전체적인 교회를 섬길 수 있도록 격려해주신 것에 감사드립니다. 여러분 덕분에 저는 목회가 즐겁습니다.

섬세한 편집과 솔직한 피드백으로 수고해준 에리카 브랜트에게도 고마움을 전합니다. 존더반의 전체 팀원들에게 고맙지만 특별히는 유익하고 정직한 코칭을 맡아준 라이언 파즈덜과 이 책이 독자와 만날 수 있게 지칠 줄 모르는 노력을 보여준 앤드류 로저스, 그리고 섬세한 원고 정리로 수고해준 브라이언 핍스와 로빈 슈미트에게 감사드립니다.

하지만 누구보다도 나의 놀라운 아내 낸시에게 감사하고 싶습니다. 당신의 섬세한 편집 기술과 솔직하고도 다정한 피드백이 이 책을 훨씬 더 나은 책으로 만들었어요. 잘 쓰여진 모든 장들에 당신의 손길이 닿아 있네요. 그렇지 못한 장들은 저의 솜씨이고요. 이것은 제가 마땅히 그래야 할 만큼 늘 당신의 말에 귀 기울이지 못한다는 증거이겠지요.

주

● 1부 ●

1장

1. 롬 12:11.
2. 유 3-4절; 딤후 2:24-26.
3. 엡 4:1-6; 고전 13:1-7.

2장

1. 마 5:20, 저자의 강조.
2. 마 5:48.
3. 빌 3:3-12. "쓰레기"로 번역된 헬라어는 *skubala*로 이것의 문자적 의미는 "배설물"이며 일부 번역에서는 "똥"으로 정확히 옮겨놓았다.
4. 마 25:21; 7:21-23.
5. 마 6:1-18; 고전 3:12-14.
6. 요 3:1-2.
7. 빌 3:1-7.

3장

1. David Platt, *The Radical Question*(Sisters, Ore.: Multnomah, 2010), 13. 저자의 강조.
2. 막 10:17-22; 눅 9:21-26, 59-62.
3. 막 5:25-34.
4. 눅 22:31-34; 요 21:1-19.
5. 요 20:24-29.
6. 마 11:28-30.
7. 막 5:18-20.
8. 고전 7:17-20; 살전 4:11.

9. 사 53:9.
10. 빌립보서 2:8-9은 예수님의 낮아지심 이후 "[그러므로] 하나님이 그를 지극히 높여"라고 기록한다.
11. 마 27:57.
12. 막 15:42-47.
13. 눅 23:50-58.
14. 요 19:38-42.
15. 마 23:4.
16. 마 12:20.

● 2부 ●

4장

1. 눅 18:9-14.
2. 성경의 마지막 책은 Revelation으로 "s"가 붙어 있지 않으며 말라기서는 영어로 보통 '말러카이'로 발음된다.

5장

1. 마 7:1-5.
2. 2011년 7월 1일자 「데일리 메일」에 실리고 인터넷을 통해 널리 유포된 내용. www.dailymail.co.uk/news/article-2009518/Carolyn-Bourne-Mother-law-hell-sends-email-bride-Heidi-Withers.html.
3. 2011년 7월 9일 「데일리 메일」에 실린 내용. www.dailymail.co.uk/news/article-2013020/Carolyn-Bourne-mother-law-hell-hits-Politeness-greatest-gift—tramp-hedgerow.html.
4. http://abcnews.go.com/Politics/china-debuts-top-international-educationrankings/story?id=12336108 (December 7, 2010).

6장

1. 약 1:22-25; 딤후 3:16-17.

2. 고전 8:1. "지식은 교만하게 하며 사랑은 덕을 세우나니."
3. 특별히 갈라디아서 5:1-12에서 바울은 할례를 구원을 필수 요소로 보는 자들이 그리스도에게서 끊어지고 은혜에서 떨어질 위험에 처해 있다고 지적했다.
4. 고전 13:1-4.
5. 신 29:29; 사 55:8-9.
6. 요일 5:3; 빌 2:13.

● 3부 ●

7장

1. 살전 4:11.
2. 마 11:28-30. "수고하고 무거운 짐 진 자들아 다 내게로 오라 내가 너희를 쉬게 하리라. 나는 마음이 온유하고 겸손하니 나의 멍에를 메고 내게 배우라 그리하면 너희 마음이 쉼을 얻으리니. 이는 내 멍에는 쉽고 내 짐은 가벼움이라 하시니라."

8장

1. 눅 19:10. "인자가 온 것은 잃어버린 자를 찾아 구원하려 함이니라."
2. 마 4:23-25.
3. 요 6:60-67. 이것은 예수님의 유명한 메시지, 생명의 떡의 결론에서 일어났다 (요 6:25-59).
4. 눅 7:18-35. 요한과 그의 제자들은 분명 예수님이 공생애 사역을 하시는 방법에 대해 혼란스러워했다.
5. 마 3:16-17.

9장

1. 고린도전서 5:11-13에 등장하는 죄의 목록은 자칭 그리스도인들이 그것을 범할 때 영적 분리의 근거가 된다. 본문에 따르면 이들이 회개하지 않을 경우 우리는 이들이 그렇게 하지 않는 한 혹은 그렇게 할 때까지 이들과 어울려서는 안 된다.
2. 마 28:18-20. 지상대명령은 제자들에게 예수님이 분부하신 모든 것을 가르쳐

지키게 하라는 명령으로 끝이 난다. 골로새서 1:28-29은 사도 바울의 사역의 목표를 각 사람을 그리스도 안에서 완전한 자로 세우는 것으로 묘사한다.
3. 계 3:14-22.
4. 벧후 3:7-9.

● 4부 ●
10장
1. 골 2:20-23.
2. 살전 4:11. 사도 바울은 데살로니가 교인들에게 조용히 자기 일을 하라고 권면했다. 하지만 매우 헌신된 현대 기독교 리더들 대부분은 이것이 그의 진심이 아니었다고 생각하는 듯하다.
3. 삿 12:5-6. 에브라임 사람들과 전쟁 중이던 길르앗 사람들이 에브라임으로 향하는 요단 강 나루턱을 장악했을 때 이들은 강을 건너고자 하는 모든 사람에게 "쉽볼렛"을 발음해보라 요청했다. 만일 "십볼렛"이라고 말하는 자가 있거든 이들은 그가 에브라임 사람인 줄을 알고 그를 잡아서 죽였는데, 에브라임 사람들이 그 단어를 정확히 발음할 수 없었기 때문이다.

11장
1. 고전 6:15-20. 이 본문에서 바울은 고린도 교회 교인들에게 이들의 음행, 특별히는 풍작 기원 의식의 일부로서 이방 신전의 창녀들을 의례적으로 방문하던 일을 멈추라 촉구하고 있다.
2. 학 1:1-5.
3. 롬 14:1-15:7.
4. 눅 10:25-37.
5. 롬 14:2-4, 22.

12장
1. 막 3:1-5. 한번은 한쪽 손이 마른 사람을 치유하시기 전 예수님은 바리새인들이 자신의 행위를 목격할 수 있도록 그에게 한가운데에서 일어서라 명령하셨다. 이들은 분노했고, 예수를 죽일까 의논하기 시작했다.

2. 출 20:8-11.
3. 호 6:6; 마 9:13.
4. 출 34:21.
5. 막 2:23-28.
6. 삼상 21:1-6.
7. 레 22:10-11.

● 5부 ●
13장
1. 전 7:10.
2. 눅 11:47-51.
3. 요한계시록 2:1-5과 3:14-16은 처음 사랑을 버린 교회와 미지근한 교회를 묘사하는데, 이 둘은 하나님의 즉각적인 심판을 마주할 위기에 놓여 있었다.
4. *Time*(April 8, 1966).
5. 마 16:18.
6. 요일 2:16.
7. 롬 12:2.
8. 톰 브로코의 베스트셀러 『위대한 세대』(문예당 역간, 2000년)는 대공황을 뚫고 나와 제2차 세계대전을 승리로 이끌고 난 후 "이제까지의 사회가 만들어낸 가장 위대한 세대"로서 지난 삼십 년간 정치력과 안정성을 제공해온 1930년대의 청년들을 칭찬하고 있다. 하지만 1939년 맥신 존슨은 약 1,600킬로미터를 돌아다니며 "잃어버린 세대"를 연구했고 나중 이 용어는 "정신병에 빠르게 접근 중인" 혼란과 환멸, 깨어진 환상에 사로잡힌 청년들에 대해 그녀가 집필한 책의 제목이 되었다.
9. Mike Males, "For Adults, 'Today's Youth' Are Always the Worst," *LA Times*(November 21, 1999).

14장
1. 마 28:18-20.
2. 눅 24:46-49; 행 1:4-8.

3. 행 8:1-4.
4. 행 1:10-11.
5. 고린도후서 8-9장은 이 특별헌금을 위한 바울의 지시를 포함한다.
6. 사도행전 10:1-11:18과 15:1-21은 베드로의 거리낌과 고넬료의 구원, 그리고 헬라인들을 포함하는 것의 타당성에 관하여 이어진 토론을 기록한다.
7. 갈 2:11-14.
8. 고후 12:7-10.
9. 행 15:36-41.
10. 딤전 4:12; 딤후 1:7(디모데); 딤후 4:10(데마); 요삼 9-10(디오드레베); 빌 2:19-22.
11. 갈 1-6장.
12. 엡 1-6장.
13. 빌 1-4장.
14. 딤전 3:1-12; 딛 1:5-9.
15. 고전 1-16장.

15장
1. 고전 1:1-9.
2. 빌 4:8.
3. 고전 4:14; 고후 2:4; 6:13.
4. 고후 7:4, 13-16; 8:7.
5. 고후 12:20-21.
6. 막 3:17; 눅 9:51-56.
7. 마 13:24-30.

● 6부 ●

16장
1. 요 17:20-23; 엡 4:3; 고전 12:12-13.
2. 창세기 4장은 가인이 그의 동생 아벨을 죽인 이야기를 기록한다.
3. 엡 2:11-22; 고전 12:7-31.
4. 잠언 6:16-19은 여호와께서 미워하시는 것의 목록을 나열한다. 그 목록에는

형제 사이를 이간질하는 자도 포함되어 있다.

17장
1. 눅 9:49-50, 저자의 강조.
2. 빌 1:15-18.
3. 마태복음 23장에는 바리새인들과 이들의 가르침에 대한 더 많은 비판들이 실려 있다.
4. 갈 1:6-9; 5:12.

18장
1. 요 13:34-35; 17:22-23. 예수님에 따르면 우리가 서로 사랑할 때 세상은 우리가 그분의 제자인 줄을 알게 될 것이다. 우리가 하나 됨 가운데 살면 세상은 아버지께서 그분을 보내신 것과 그분을 사랑하신 것을 알게 될 것이다.
2. 골 3:13; 엡 4:1-3.
3. 요일 2:9-11.

● 7부 ●

19장
1. 롬 12:11.
2. 고전 12:7-27.
3. 롬 12:6-8.
4. 이들은 실제 편지와 이메일에서 발췌한 것으로 보내는 이의 신분과 비밀 보장을 위해 약간의 수정을 거쳤다.
5. 계 12:10.
6. 요일 2:1.

20장
1. 벧전 2:11-15; 3:15.
2. 마 11:25-26; 19:14.
3. 빌 2:13.

4. 골 3:17; 벧전 2:9-10.
5. 이 문제에 대해 유익한 토론을 원한다면 톰 넬슨의 다음 책을 참고하라. *Work Matters: Connecting Sunday Worship to Monday Work* (Wheaton, Ill.: Crossway, 2012).
6. 눅 11:43.
7. 마 20:25-28.
8. 눅 21:1-4.
9. 민 18:26.
10. 고전 12:22-25.

21장
1. 성령의 은사의 목록은 고린도전서 12장, 로마서 12장, 에베소서 4장, 베드로전서 4장에서 찾아볼 수 있다.
2. 마 7:1-2.
3. 미 5:2, 4; 마 2:1-8.
4. 호 6:6.
5. 딤후 3:16-17.
6. 막 10:17-31; 마 19:16-30; 눅 18:18-30.
7. 눅 19:1-10.
8. 딤전 6:17-19.
9. 딤전 6:17.
10. 딤전 6:9-10.
11. 대상 4:9-10.
12. 잠 21:20.
13. 눅 12:13-21.
14. 엡 6:9.
15. 막 14:3-9.

마지막 당부
1. 요일 2:3-5; 요 14:15.

당신의 열심이 위험한 이유
현대의 바리새인 신앙에 대한 경고

Copyright ⓒ 새물결플러스 2013

1쇄 발행	2013년 8월 5일
7쇄 발행	2024년 7월 15일

지은이	래리 오스본
옮긴이	장혜영
펴낸이	김요한
펴낸곳	새물결플러스

편 집	왕희광 정인철 노재현 이형일 나유영 노동래
디자인	황진주 김은경
마케팅	박성민
총 무	김명화 이성순
영 상	최정호
아카데미	차상희

홈페이지	www.holywaveplus.com
이메일	hwpbooks@hwpbooks.com
출판등록	2008년 8월 21일 제2008-24호
주 소	(우) 04114 서울시 마포구 신촌로28가길 29
전 화	02) 2652-3161
팩 스	02) 2652-3191

ISBN 978-89-94752-48-8 03230

책값은 뒤표지에 있습니다.